INSTRUCTION MORALE
ET CIVIQUE

D'APRÈS LE PROGRAMME OFFICIEL DU MINISTÈRE
DE L'INSTRUCTION PUBLIQUE

POUR L'ENSEIGNEMENT PRIMAIRE

par

GEORGES HARMAND

AVOCAT

à la Cour d'appel de Paris

L'éducation morale s'impose à tous.

Nul n'est censé ignorer la loi.

COURS MOYEN
ET COURS SUPÉRIEUR

Préparation aux

BREVETS DE CAPACITÉ

DE L'INSTRUCTION PRIMAIRE

PARIS
LIBRAIRIE CLASSIQUE ET D'ÉDUCATION
Vᵉ MAIRE-NYON

A. PIGOREAU, SUCCESSEUR
13, QUAI DE CONTI, 13
(Entre la Monnaie et l'Institut)

INSTRUCTION MORALE

ET CIVIQUE

INSTRUCTION MORALE
ET CIVIQUE

D'APRÈS LE PROGRAMME OFFICIEL DU MINISTÈRE

DE L'INSTRUCTION PUBLIQUE

POUR L'ENSEIGNEMENT PRIMAIRE

par

GEORGES HARMAND

AVOCAT

à la Cour d'appel de Paris

L'éducation morale s'impose à tous.

Nul n'est censé ignorer la loi.

COURS MOYEN
ET COURS SUPÉRIEUR

Préparation aux
BREVETS DE CAPACITÉ
DE L'INSTRUCTION PRIMAIRE

TROISIÈME ÉDITION

PARIS

LIBRAIRIE CLASSIQUE ET D'ÉDUCATION

Vᵉ MAIRE-NYON

A. PIGOREAU, SUCCESSEUR

13, QUAI DE CONTI, 13

(Entre la Monnaie et l'Institut)

PRÉFACE

—

L'introduction de l'instruction morale et civique dans le programme de l'enseignement primaire et dans les études des aspirants et des aspirantes aux brevets de l'instruction primaire a nécessité récemment la publication d'ouvrages classiques traitant spécialement de cette branche nouvelle de l'enseignement.

Plusieurs de ces manuels s'adressent au cours élémentaire et au cours moyen des écoles primaires ; leur forme quelquefois un peu niaise nous conduit à approuver particulièrement la partie suivante de la circulaire ministérielle du 17 novembre 1883.

Avec de tout jeunes enfants qui commencent seulement à lire, un manuel spécial de morale et d'instruction civique serait manifestement inutile. A ce premier degré, le conseil supérieur vous recommande, de préférence à l'étude prématurée d'un traité quelconque, ces causeries familières dans la forme, substantielles au fond, ces explications à la suite des lectures et des leçons diverses, ces mille prétextes que vous offrent la classe et la vie de tous les jours pour exercer le sens moral de l'enfant.

Dans le cours moyen, le manuel n'est autre chose qu'un livre de lectures qui s'ajoute à ceux que vous possédez déjà. Là encore, le conseil, loin de vous prescrire un enchaînement rigoureux de doctrines, a tenu à vous laisser libre de varier vos procédés d'enseignement : le livre n'intervient que pour vous fournir un choix tout fait de bons exemples, de sages maximes et de récits qui mettent la morale en action.

Enfin, dans le cours supérieur, le livre devient surtout un utile moyen de reviser, de fixer et de coordonner; c'est comme le recueil méthodique des principales idées qui doivent se graver dans l'esprit du jeune homme.

Le livre que nous publions aujourd'hui s'adresse à la fois au cours moyen et au cours supérieur. Pour ce dernier cours particulièrement nous n'avons pas trouvé parmi les ouvrages parus jusqu'à ce jour un livre nous satisfaisant entièrement, et donnant sous une forme sérieuse et classique :

L'exposition familière de la morale chrétienne dans son admirable pureté ;

L'étude de notre législation, celle des prescriptions de la loi pour les grands actes de notre vie , enfin le respect de la justice et la connaissance des principes qui la guident dans ses décisions.

Cet ensemble devait nécessairement réunir l'étude entière des matières du Programme d'Instruction morale et d'Instruction civique élaboré par le Conseil supérieur de l'Instruction publique.

Nous avons entrepris celte œuvre après nous être entouré des meilleurs conseils et en puisant aux sources les plus autorisées.

Deux grandes divisions naturelles partagent notre ouvrage.

La première partie renferme : la morale et ses devoirs; la seconde partie : la loi et ses prescriptions.

Du reste l'instruction morale a inévitablement de nombreux voisinages avec l'instruction civique. Les devoirs de famille, par exemple, doivent être traités dans l'instruction morale, ils tiennent aussi une place nécessaire dans l'exposition de nos lois. Une des difficultés donc du travail de l'auteur se trouvait dans le groupement logique et pratique des articles pour une bonne exposition ; ce sera peut-être un des mérites de notre ouvrage d'y être parvenu.

A la fin du volume se trouvent quelques pages de Franklin, si connues sous le titre de LA SCIENCE DU BONHOMME RICHARD ; elles intéressent la jeunesse et ont toujours eu une action réelle sur son esprit.

Il est permis d'espérer que les élèves, après les années d'études, conserveront encore ce livre. Comme il est, en de nombreuses parties, d'une utilité pratique pour les intérêts matériels de la vie, ils le consulteront à l'occasion. Notre vœu le plus cher est qu'alors , s'il leur arrive de jeter les yeux sur ces quelques pages, lues autrefois, leur conscience ne soit pas troublée de l'enseignement moral qu'elles renferment et que leur cœur s'y retrempe pour le combat de la vie.

PROGRAMME

MINISTÉRIEL

D'INSTRUCTION MORALE ET CIVIQUE

DES ÉCOLES PRIMAIRES PUBLIQUES

MORALE. — COURS MOYEN

L'enfant dans la famille. Devoirs envers les parents et les grands-parents. — Obéissance, respect, amour, reconnaissance. — Aider les parents dans leurs travaux ; les soulager dans leurs maladies ; venir à leur aide dans leurs vieux jours.

Devoirs des frères et sœurs. — S'aimer les uns les autres : protection des plus âgés à l'égard des plus jeunes ; action de l'exemple.

Devoirs envers les serviteurs. — Les traiter avec politesse, avec bonté.

L'enfant dans l'école. — Assiduité, docilité, travail, convenance. — Devoirs envers l'instituteur. — Devoirs envers les camarades.

La patrie. — La France, ses grandeurs et ses malheurs. — Devoirs envers la patrie et la société.

Devoirs envers soi-même. — *Le corps* : propreté, sobriété et tempérance ; dangers de l'ivresse ; gymnastique.

Les biens extérieurs. — Économie (conseils de Franklin ; éviter les dettes ; funestes effets de la passion du jeu ; ne pas trop aimer l'argent et le gain ; avarice). Le travail (ne pas perdre de temps, obligation du travail pour tous les hommes, noblesse du travail manuel).

L'âme. — Véracité et sincérité; ne jamais mentir. — Dignité personnelle, respect de soi-même. — Modestie : ne point s'aveugler sur ses défauts. — Éviter l'orgueil, la vanité, la coquetterie, la frivolité. — Avoir honte de l'ignorance et de la paresse. — Courage dans le péril et dans le malheur ; patience, esprit d'initiative. Dangers de la colère.

Traiter les animaux avec douceur; ne point les faire souffrir inutilement. — Loi Grammont, sociétés protectrices des animaux.

Devoirs envers les autres hommes. — Justice et charité (ne faites pas à autrui ce que vous ne voudriez pas qu'on vous fît ; faites aux autres ce que vous voudriez qu'ils vous fissent). — Ne porter atteinte ni à la vie, ni à la personne, ni aux biens, ni à la réputation d'autrui. — Bonté, fraternité. — Tolérance, respect de la croyance d'autrui.

N. B. Dans tout ce cours l'instituteur prend pour point de départ l'existence de la conscience, de la loi morale et de l'obligation. Il fait appel au sentiment et à l'idée du devoir, au sentiment et à l'idée de la responsabilité ; il n'entreprend pas de les démontrer par exposé théorique.

Devoirs envers Dieu. L'instituteur n'est pas chargé de faire un cours *ex professo* sur la nature et les attributs de Dieu ; l'enseignement qu'il doit donner à tous indistinctement se borne à deux points.

D'abord il leur apprend à ne pas prononcer légèrement le nom de Dieu ; il associe étroitement dans leur esprit à l'idée de la Cause première et de l'Être parfait un sentiment de respect et de vénération ; et il habitue chacun d'eux à environner du même respect cette notion de Dieu, alors même qu'elle se présenterait à lui sous des formes différentes de celles de sa propre religion.

Ensuite, et sans s'occuper des prescriptions spéciales aux diverses communions, l'instituteur s'attache à faire comprendre et sentir à l'enfant que le premier hommage qu'il doit à la divinité c'est l'obéissance aux lois de Dieu telles que les lui révèlent sa conscience et sa raison.

MORALE. — COURS SUPÉRIEUR

1° *La Famille.* Devoirs des parents et des enfants ; devoirs réciproques des maîtres et des serviteurs.

2° *La Société.* Nécessité et bienfaits de la société. La justice, condition de toute société. La solidarité, la fraternité humaine.

Applications et développements de l'idée de justice : respect de la vie et de la liberté humaine, respect de la propriété, respect de la parole donnée, respect de l'honneur et de la réputation d'autrui. La probité, l'équité, la délicatesse. Respect des opinions et des croyances.

Applications et développements de l'idée de *charité* ou de *fraternité.* Ses divers degrés, devoirs de bienveillance, de reconnaissance, de tolérance, de clémence, etc. Le dévouement, forme suprême de la charité : montrer qu'il peut trouver place dans la vie de tous les jours.

3° *La Patrie.* Ce que l'homme doit à la patrie : l'obéissance aux lois, le service militaire, discipline, dévouement, fidélité au drapeau. — L'impôt (condamnation de toute fraude envers l'État). — Le vote (il est moralement obligatoire, il doit être libre, consciencieux, désintéressé, éclairé). — Droits qui correspondent à ces devoirs : liberté individuelle, liberté de conscience, liberté du travail, liberté d'association. Garantie de la sécurité de la vie et des biens de tous. La souveraineté nationale. Explication de la devise républicaine : Liberté, Égalité, Fraternité.

Dans chacun de ces chapitres du cours de morale sociale, on fera remarquer à l'élève, sans entrer dans des discussions métaphysiques :

1° La différence entre le devoir et l'intérêt, même lorsqu'ils semblent se confondre, c'est-à-dire le caractère impératif et désintéressé du devoir ;

2° La distinction entre la loi écrite et la loi morale : l'une fixe un minimum de prescriptions que la société impose à tous ses membres sous des peines déterminées, l'autre impose à chacun dans le secret de sa conscience un devoir que nul ne le contraint à remplir, mais auquel il ne peut faillir sans se sentir coupable envers lui-même et envers Dieu.

INSTRUCTION CIVIQUE

COURS MOYEN

Notions très sommaires sur l'organisation de la France.

Le citoyen, ses obligations et ses droits ; l'obligation scolaire, le service militaire, l'impôt, le suffrage universel.

La commune, le maire et le conseil municipal.

Le département, le préfet et le conseil général.

L'État, le pouvoir législatif, le pouvoir exécutif, la justice.

INSTRUCTION CIVIQUE

COURS SUPÉRIEUR

Notions plus approfondies sur l'organisation politique, administrative et judiciaire de la France:

La constitution, le président de la République, le Sénat, la Chambre des députés, la loi ; — l'administration centrale, départementale et communale, les diverses autorités, — la justice civile et pénale, — l'enseignement, ses divers degrés, — la force publique, l'armée.

Notions très élémentaires de droit pratique.

L'état civil, la protection des mineurs ; — la propriété, les successions ; — les contrats les plus usuels : vente, louage, etc.

Entretiens préparatoires à l'intelligence des notions les plus élémentaires d'économie politique : l'homme et ses besoins ; la société et ses avantages ; les matières premières, le capital, le travail et l'association. La production et l'échange ; l'épargne : les sociétés de prévoyance, de secours mutuels, de retraite.

INSTRUCTION MORALE

DE L'ÊTRE HUMAIN

L'homme est composé de deux parties, **le corps et l'âme**, dont chacune a un rôle bien différent dans la vie.

DU CORPS

Le corps, qui subit toutes les impressions physiques, la faim, la fatigue, le chaud, le froid, la maladie, la douleur, est organisé pour **exécuter les fonctions matérielles nécessaires à l'existence.**

C'est cette partie de nous-mêmes par laquelle nous sommes semblables aux animaux. Comme eux nous avons un cœur, des poumons, un estomac ; comme eux nous respirons, nous mangeons. **Les phénomènes de la vie du corps s'expliquent par les sciences naturelles.** Ainsi la digestion est la transformation, révélée par la chimie, des aliments en matières susceptibles d'entrer dans le sang et de renouveler les forces épuisées du corps ; de même, la marche se décompose en mouvements accomplis suivant les lois de la mécanique.

Quelles sont les deux parties dont l'homme est composé ? — Pour quel rôle est organisé le corps ? — Comment s'explique la vie du corps ?

DE L'AME

L'âme, qui nous élève au-dessus des autres créatures vivantes, est moins saisissable, moins facile à reconnaître; cependant les actes que l'homme lui rapporte sont tellement frappants, qu'en constatant leur existence il lui est facile d'affirmer qu'il est quelque chose en lui que l'animal ne possède pas et d'où lui viennent ses pensées.

Si la cause des phénomènes intellectuels était matérielle, ils seraient les mêmes pour tous les hommes, comme la digestion, le mouvement, le sommeil. Or nous n'avons pas tous les mêmes idées. Des génies merveilleux ont conçu *l'Iliade, l'Enéide, le Cid, le Misanthrope*. D'autres ont exécuté des œuvres peintes ou sculptées, qui surprennent l'humanité autant qu'elles l'honorent, comme Michel-Ange, Raphaël, Rubens. Mais ces génies sont rares et leur puissance ne se manifeste que d'une façon limitée et particulière. Le peintre ignore l'art du poète, et cependant tous deux digèrent, marchent et dorment.

Enfin si nos actions étaient le résultat d'un organe du corps, elles seraient fatales comme la faim ou la soif; dès lors notre liberté n'existerait plus, nos devoirs seraient un mensonge; notre responsabilité une chimère; le bien et le mal seraient indifférents à notre volonté abandonnée sans règle et sans guide.

Toutefois l'âme, la puissance de penser, de se souvenir, d'imaginer, se sert du corps pour parler, écrire, lire, se manifester au dehors de nous-mêmes comme aussi à nous-mêmes.

D'ou viennent les pensées de l'homme ? — Qu'arriverait-il si nos actions étaient le résultat d'un organe du corps ?

Au corps la vie matérielle, à l'âme la pensée. Tous deux sont unis intimement et leur désunion est la mort qui survient par la destruction du corps ; l'âme, force immatérielle, survit à son compagnon.

L'AME EST PERFECTIBLE

C'est à cette âme que l'homme doit d'être perfectible : c'est grâce à elle qu'il imagine les créations merveilleuses de son esprit, les beaux-arts, les sciences naturelles, physiques, chimiques et mécaniques.

Puisqu'il a une âme, et que grâce à elle il est perfectible, le but de l'homme doit donc toujours être de se perfectionner.

PREUVES DE L'EXISTENCE DE L'AME

Aussi doit-il croire et affirmer hautement qu'il a une âme, car les progrès de l'humanité sont indéniables ; les découvertes des savants, les applications qu'ils ont su faire de la vapeur, de l'électricité, de la lumière, prouvent surabondamment, ainsi que mille autres découvertes, que l'homme augmente toujours sa puissance sur la nature et sur les animaux, tandis que l'instinct des animaux ne leur permet d'accomplir qu'un petit nombre de faits souvent fort étonnants et très complexes, comme ceux qu'accomplissent le castor ou l'abeille, mais qui depuis des milliers d'années sont toujours les mêmes.

Quelle est la différence du corps et de l'âme ? — Quel doit être le but de l'homme ? — Doit-on croire et affirmer l'existence de l'âme ?

DU VRAI, DU BEAU ET DU BIEN

Le vrai, le beau et le bien sont le but de notre âme. C'est dans la connaissance de ces trois choses que se résume la perfection humaine, et c'est à connaître les lois de la science du vrai, du beau et du bien que l'âme s'emploie.

LE BIEN ET LE MAL

Les actions de la vie sont bonnes ou mauvaises : Bonnes, lorsqu'elles nous font avancer vers cette perfection humaine que nous devons tous rechercher : Mauvaises, lorsqu'elles nous font reculer ou simplement nous retiennent en place dans cette voie.

Les actions bonnes sont celles que l'on appelle morales. Ce sont les actions qui, conformes au vrai, au beau, ou au bien, constituent par leur réunion cette science qui s'appelle la morale et dont elles ont tiré leur nom.

LA CONSCIENCE

Mais ce n'est pas arbitrairement que nous déclarons qu'une action est bonne ou mauvaise. De même que nous nous rendons compte du poids des choses avec une balance, il fallait que notre âme fût douée du pouvoir de juger la valeur des actions que l'intelligence et la sensibilité, qui sont des parties de l'âme, nous portent à accomplir.

Ce pouvoir de juger, cette balance de nos actions, c'est la conscience.

Quelles que soient les opérations présentes de l'âme, la conscience en est l'inséparable compagne.

A quoi tend la perfection humaine ? — Quand une action est-elle bonne ? — Quand une action est-elle mauvaise ? — Comment est constituée la science qui s'appelle la morale ? — Qu'est-ce que la conscience ?

PREUVES DE L'EXISTENCE DE LA CONSCIENCE

L'existence de la conscience se révèle à nous par la satisfaction qui nous emplit le cœur, lorsque nous avons accompli une bonne action. Nous sentons alors une gaieté douce et calme, qui est le bonheur.

De même nous sentons, quand nous avons mal agi, un mécontentement de nous-mêmes d'autant plus vif que l'action est plus mauvaise, et une inquiétude qui nous ramène toujours à penser à cette action mauvaise dont nous sommes impuissants à chasser le souvenir. C'est le remords.

Ce bonheur que ressentent ceux qui ont bien agi, comme cette souffrance qui atteint ceux qui ont mal fait, n'est pas à prouver. Pour en sentir toute la vérité, il nous suffit de rentrer en nous-mêmes, suivant une expression admirable, qui montre que ce n'est pas par le corps, ou par un des sens, que nous sentons ces choses, mais par une autre partie de nous-mêmes, cachée à nos yeux, par l'âme.

DE LA VIE MORALE

L'emploi que nous faisons de notre conscience constitue notre vie morale : c'est la vie de l'homme dans la société, considérée sous le rapport des mœurs ou des actes de la conscience.

DÉFINITION DE LA CONSCIENCE

Ce mot de conscience, d'étymologie latine (*conscientia*, *cum*, avec, et *scire*, savoir), exprime l'idée de savoir avec

---

Comment l'existence de la conscience se révèle-t-elle à nous ? — Quel est le sentiment qui nous poursuit quand nous avons mal agi ? — Comment définit-on la vie morale ?

soi ou dans soi. Elle peut être définie ainsi : **C'est dans
le fond de notre âme un principe et une mesure de
justice et de vertu** d'après lesquels, malgré nos passions les plus violentes, nos discours les plus contraires,
nous qualifions nos propres actions et celles d'autrui.

Car non seulement notre conscience nous juge nous-
mêmes, mais encore elle juge autrui. Ce n'est pas seulement nos actions, mais des actions en général, qu'elle
apprécie, de là vient la vie morale.

DU LIBRE ARBITRE

Le pouvoir de distinguer le bien du mal par l'emploi de
notre conscience suppose la liberté d'agir ; aussi la liberté morale ou le libre arbitre est-il la faculté de prendre
possession de nous-mêmes, de nous arrêter afin de délibérer, de nous déterminer à la suite de cette délibération
et d'agir d'après cette détermination.

Le libre arbitre est le mouvement sans entraves
de la volonté humaine dans le bien.

Le choix ignominieux et désordonné du mal n'est pas
de l'essence de la liberté ; il n'en est que l'abus, le
péril, et l'affaissement.

POURQUOI NOUS SOMMES RESPONSABLES

Cette liberté est incontestable et, en effet, je sais que
l'homme est libre : parce que je le sens ; parce que
la délibération suppose la liberté ; parce que c'est
une vérité dont tous les hommes conviennent. Les
lois ne punissent que parce que les hommes sont libres.

Comment définit-on la conscience ? — Qu'est-ce que le libre arbitre ? — La
liberté est-elle le pouvoir de tout faire? — Comment se prouve la liberté et
la responsabilité de l'homme ?

De ce que l'homme est libre, il est donc vrai de dire qu'il est responsable de ses actes.

A cette responsabilité se joignent des devoirs : en effet les devoirs ne peuvent être imposés qu'à des êtres libres, conséquemment responsables.

ORIGINE DES DEVOIRS

Le bien est la pleine satisfaction donnée aux aspirations de l'âme. Il est l'accomplissement régulier des lois qui comprennent les devoirs envers la famille, envers le prochain, envers soi-même, envers l'autorité, envers Dieu. Le devoir est donc ce qui nous est ordonné par les lois morales, politiques, civiles et religieuses qui régissent l'humanité.

QU'EST-CE QUE LE DEVOIR ?

Le devoir ! La langue humaine n'a rien qui réveille au fond du cœur de plus nobles sentiments. Tout ce qu'on respecte ou qu'on admire, toutes les choses qui font le prix de l'existence et pour lesquelles il est glorieux de vivre et de mourir, la tendresse paternelle, la piété filiale, le patriotisme, l'honneur, les plus hautes vertus, tout est renfermé dans ce seul mot, qui semble résumer la destinée de l'homme dans ce qu'elle a de plus noble et de plus pur.

Toutefois cette idée morale du devoir, une des plus nobles conceptions de l'esprit humain, n'a de sanction que dans la conscience ; et cette sanction varie suivant la délicatesse des organisations et l'éducation des esprits.

Qu'est-ce que le bien ? — Que résume le mot devoir ?

LA LOI

Aussi bien comme la société ne pouvait exister que si l'observation de ces devoirs était assurée, on a bientôt senti la nécessité d'établir à côté de la sanction morale du devoir une sanction plus forte, moins théorique : de là est née l'idée de la loi, avec les sanctions qu'elle édicte.

La limite de la liberté humaine est l'accomplissement de tout ce que nous pouvons faire dans notre intérêt sans léser volontairement l'intérêt légitime d'autrui. Au delà de cette limite nous faisons abus de notre liberté, dès lors nous devons réparation du tort causé par cet abus. Aussi le but de la loi est-il de nous fixer cette limite et d'établir les peines qui nous frapperont si nous dépassons les limites qu'elle nous a tracées.

C'est ce que Montesquieu a exprimé quand, au commencement de son livre de *l'Esprit des lois*, il dit de l'homme :

« Un tel être pouvait à tous les instants s'oublier lui-même, les philosophes l'ont averti par la loi de la morale.

« Fait pour vivre dans la société, il y pouvait oublier les autres ; les législateurs l'ont rendu à ces devoirs par les lois politiques et les lois civiles. »

LE DROIT TEMPÉRÉ PAR LE DEVOIR

La justice interdit tout ce qui est injuste, c'est-à-dire tout ce qui est contre le droit d'un homme. Mais qu'est-ce le droit d'un homme ? L'homme est tout entier dans sa vie, et sa vie est tout entière dans le but légitime où elle tend.

D'où est née l'idée de la loi ? — Quelle est la limite de la liberté ? — Quelles sont les trois grandes sortes de lois ? — Qu'est-ce qui est interdit par la justice ?

Il lui appartient de vivre dans la société, par conséquent d'y puiser les éléments de sa vie, c'est-à-dire de sa perfection et de son bonheur, et nul sans injustice ne peut les lui ravir. Mais ici-bas, à cause des limites de ce monde, il arrive que la perfection et le bonheur de ceux-ci peuvent contrarier la perfection et le bonheur de ceux-là. Il faut donc que le devoir tempère le droit, et que l'homme respecte la perfection et le bonheur de tous, s'il veut que tous respectent sa perfection et son bonheur. C'est le droit vrai du temps, droit qui est humain, tout en étant personnel et qui porte en soi la paix ou la guerre du monde, selon qu'il est interprété par l'égoïsme ou par la vertu.

DE L'HONNÊTE HOMME

Donc l'homme juste, l'honnête homme est celui qui mesure son droit à son devoir ; il sait que l'homme, être infini par sa destinée, est semé passagèrement sur un sol borné, et, ne pouvant agrandir la patrie commune, il agrandit son cœur pour s'y contenter de peu. Il se serre au foyer de la vie, et, riche ou pauvre, qu'il donne ou qu'il reçoive, il se prépare un tombeau où il descendra entouré des regrets de tous. A ce nom d'honnête homme, on se représente l'image d'un homme qui n'a pas pesé sur la terre, dont le cœur n'a jamais conçu l'injustice, et dont la main ne l'a jamais exécutée ; qui non seulement a respecté les biens, la vie, l'honneur de ses semblables, mais aussi leur perfection morale ; qui fut observateur de sa parole, fidèle dans ses amitiés, sin-

---

Que veut dire cet adage : le devoir tempère le droit ? — Qu'est-ce qu'un honnête homme?

cère et ferme dans ses convictions, à l'épreuve du temps qui change et qui veut l'entraîner dans ses changements ; également éloigné de l'obstination dans l'erreur et de cette insolence particulière à l'apostasie qui accuse la mobilité honteuse de l'inconstance : Aristide enfin dans l'antiquité, l'Hospital dans les temps modernes. Lorsque nous le rencontrerons, nous ne ploierons pas le genou, mais nous dirons de sa vertu : c'est une noble chose; rare, du moins dans sa plénitude. Qui que nous soyons, aimons à entendre à notre oreille, et surtout au fond de notre conscience, cette belle parole, que nous sommes un honnête homme.

QU'EST-CE QUE L'ÉDUCATION ?

Pour pénétrer l'homme des devoirs que lui imposent ses droits, il faut commencer l'éducation dès le plus jeune âge, et par là elle exerce une action considérable dans la vie morale des peuples.

L'éducation, dans son extension complète, consiste à unir dans l'enfant l'instruction à la morale et à la religion, la science à la vertu, la culture de l'esprit à la culture du cœur. L'homme étant ce que l'éducation le fait être, si vous voulez savoir ce qu'est l'éducation chez un peuple, vous n'avez qu'à regarder ce peuple lui-même.

COMMENCEMENT DE L'ÉDUCATION

L'éducation doit commencer au berceau de l'enfant : c'est donc la femme qui est la première institutrice.

Citez dans l'histoire le type d'un honnête homme ? — Quand doit-on commencer l'éducation ? — Qu'entend-on par éducation ? — Qui donne la première éducation à l'enfant ?

L'éducation a pour objets : le corps, l'intelligence et la conscience.

L'éducation, c'est-à-dire l'élévation et la formation de l'homme physique, intelligent, moral, religieux, l'éducation est pour chacun de nous l'œuvre de la vie entière; car, l'homme étant un être perfectible, le cours de sa carrière doit être un progrès continuel.

Tout ce qui agit sur l'enfant a sa part dans sa formation individuelle, ainsi l'exemple de la famille, des amis, des voisins, des étrangers même, est heureux ou funeste. Ainsi les bons livres guident l'âme vers la vertu. De même les mauvais livres qu'on laisse entre les mains de la jeunesse faussent l'esprit et corrompent le cœur.

Certaines représentations immorales dans les théâtres sont aussi dangereuses, pour la jeunesse surtout.

L'éducation de l'enfance est une œuvre par excellence et difficile : difficile du côté de l'enfant à élever, difficile aussi du côté de l'éducateur à trouver; car il faut que celui qui a une si grande mission à accomplir ait un noble cœur, un esprit juste, fin et observateur, une douceur parfaite jointe à la fermeté, une instruction solide et variée et une vie irréprochable.

Enfin il faut former le cœur des enfants aux sentiments les plus élevés : sentiments religieux, sentiments de dignité morale, de bienveillance, de probité, d'honneur, de respect pour l'autorité, de soumission à la loi, de constante politesse, de courage viril et de patriotisme.

Y a-t-il un terme pour l'éducation? — L'exemple agit-il sur l'éducation ? — Quel est le danger des mauvais livres ? — L'éducation de l'enfant est-elle une œuvre facile ? — Quelles sont les qualités nécessaires pour donner une bonne éducation? — A quoi faut-il former le cœur des enfants ?

DES IDÉES

Quant aux idées, il ne faut en livrer aux enfants que de justes et de précises ; il ne faut leur donner que des notions exactes sur toutes choses ; ne formuler que des jugements sains, ne leur transmettre que des définitions inattaquables. Voilà comment on donne aux enfants l'élévation de l'âme, la droiture de conscience et la santé de l'esprit.

DES PASSIONS

N'oublions pas les passions. Si par passion on entend un transport de l'âme où la raison n'est pas écoutée, il faut combattre ces dangereuses émotions par l'exercice quotidien d'un empire habituel sur soi-même.

DE L'HABITUDE

On donne à l'enfant cette forte volonté contre le mal, quand on l'habitue par des actes multipliés à résister à ses élans, à ses vifs désirs pour des choses indifférentes et des plaisirs permis ; car, par là même, on le façonne à résister plus tard aux tentations d'accomplir des actes coupables. Ainsi, un enfant qui, à douze ans, s'habitue à résister à ses tentations de gourmandise, de paresse, de colère, aura évidemment à vingt ans plus de facilité que la plupart de ses camarades élevés différemment pour résister à certains entraînements dangereux ! C'est que l'habitude joue un grand rôle dans la vie humaine.

Quelles qualités doivent avoir les idées que l'on enseigne aux enfants ? — Comment combat-on les passions ? — Comment habitue-t-on l'enfant à résister aux entraînements dangereux ou coupables ?

DES VERTUS ET DES VICES

Les vertus sont des habitudes louables, fortes filles de la raison, de la religion, de la liberté, qu'on a presque toujours conquises, comme les vices sont des habitudes criminelles dont on s'est fait l'esclave ! Ainsi le charretier qui bat cruellement son cheval, n'est devenu méchant que par habitude et par des actes réitérés.

DES HABITUDES

Les hommes sont, en général, ce qu'on les habitue à être. Quand on leur donne l'habitude du travail et de l'attention dans l'emploi qu'ils font de leur intelligence à comprendre, apprendre, retenir; l'habitude de juger sainement; l'habitude pour le corps d'une tenue honnête; on fait des hommes bien élevés, qu'on distingue au premier coup d'œil. Cet homme en blouse, qui se tient avec convenance dans un wagon, dont les paroles et les manières sont réservées, qui cède avec empressement sa place à un vieillard, à une femme, à un malade, est un homme bien élevé. Cet autre, couvert d'un beau paletot, qui a le verbe haut, qui s'étale sans souci de gêner ses voisins, cet autre est un homme mal élevé : il n'a pas l'ensemble des habitudes que donne une bonne éducation.

RÉSULTATS DE L'ÉDUCATION MORALE

Les enfants dont l'éducation aura été soignée d'une manière intelligente, dont on aura formé les idées et les sentiments, dont on aura prévenu les passions et façonné les habitudes, deviendront des hommes, et ainsi éle-

---

vés ils seront l'honneur de l'humanité. L'homme au pouvoir, le patron, l'ouvrier, le père, la mère, l'artiste, l'homme de lettres, le savant, le marchand, l'industriel donneront alors à la France l'exemple et les bienfaits de la vie morale, force et gloire des grandes nations.

La vraie civilisation est le perfectionnement de l'homme au point de vue physique, intellectuel, moral, social et religieux. Il faut avoir l'esprit perverti pour se figurer que la civilisation consiste dans l'anéantissement de tout devoir, dans la continuité et la multiplicité des jouissances physiques, dans la multitude des inventions mécaniques.

La vie morale, ou le perfectionnement de l'homme social, est donc le côté principal, et il ne faut pas confondre le perfectionnement des machines et des instruments à l'usage de l'homme avec le perfectionnement de l'homme lui-même.

DE LA VIE DES PEUPLES

Si donc vous avez vu un peuple, tout un peuple, tendre avec passion au perfectionnement de la vie morale ; si ce peuple aime la liberté, la loi, s'il déteste l'improbité, s'il pratique la bonne foi ; si les citoyens se rendent réciproquement tous les services ; si les mœurs sont pures ; si la fidélité et l'affection règnent dans la famille ; si les maîtres sont bons et justes envers leurs serviteurs et leurs ouvriers ; si ces derniers travaillent avec conscience, vous avez vu un pays fortuné, un pays de réelle civilisation.

Je sais de ce peuple qu'il est noble et grand, puisqu'il marche dans la voie de la vie morale.

Quel effet produit sur l'enfant la bonne éducation ? — Qu'est-ce que la civilisation ? — Distinction entre le perfectionnement des machines et le perfectionnement de l'homme lui-même ? — Qu'y a-t-il de plus beau dans la vie d'un peuple ?

DU CARACTÈRE DANS LA VIE

La vie morale donne à l'homme une empreinte, un cachet, un signe qu'on appelle caractère. C'est là tout l'homme. Le caractère est la forme sensible de l'homme intérieur et le manifeste vivant de la vertu. Le caractère, c'est la paix de l'âme au milieu même des orages du cœur, la liberté de l'esprit au milieu même des servitudes du corps. Le caractère, c'est la noblesse de l'âme s'imposant au respect des hommes, non par la contrainte, non par la séduction, mais par la confiance. Son triomphe est d'obtenir l'admiration de tous sans la demander à personne. Les plus beaux caractères sont ceux qui s'ignorent le plus et qui puisent à la source même de leur humilité le flot qui les élève au-dessus de l'humaine faiblesse : grand par sa modestie, le caractère est beau surtout par sa sincérité.

Heureux les hommes qui au caractère unissent le talent !

Le talent et le caractère, c'est Michel de l'Hospital, le ministre intègre, l'ennemi des partis, le pacificateur des passions.

Le talent et le caractère, c'est de Thou, le magistrat historien, composant son histoire, ainsi qu'il le dit, « sans haine et sans flatterie, à la gloire de Dieu et à l'utilité publique, » et ne répondant aux injustices contemporaines que par ces paroles : « Je me console en ma conscience, et place mon espérance en la postérité. »

Le talent et le caractère, c'est Mathieu Molé, le plus grand cœur qui ait jamais battu sous une toge, celui dont

Qu'est-ce qui donne à l'homme le caractère ? — Qu'est-ce que le caractère ? — Citer des exemples de caractères remarquables ? — Dans quel caractère de Thou composa-t-il son histoire ?

un ennemi, le cardinal de Retz, écrivait : « Si ce n'était quasi blasphémer que de dire qu'il y a dans notre siècle quelqu'un de plus brave que le Grand Gustave (1) et M. le Prince (2), je dirais que c'est M. Molé. » Mathieu Molé, l'homme des mots sublimes en face des grands périls, lesquels trouvent en lui, dit encore le cardinal de Retz, « quelque chose de surnaturel et de plus grand que la fermeté. » Mathieu Molé, le vertueux chef de maison, inaccessible aux faiblesses des autres pères, et qui donne l'exemple d'un désintéressement inimitable, lorsque, refusant pour son fils la survivance de premier président, il répond à Anne d'Autriche : « M. de Champlâtreux n'a point encore assez servi l'État pour mériter cet honneur. »

Le talent et le caractère, c'est d'Aguesseau, l'homme des traditions domestiques, le digne fils d'un père dont Louis XIV disait : « Je le connais assez pour être sûr qu'il ne voudrait pas me tromper même sur son propre fils. » D'Aguesseau, le moraliste éloquent, le chancelier courageux, risquant sa faveur et sa sûreté pour le triomphe de ce qu'il croit juste, et digne de recevoir, de la bouche de sa femme, cette parole de matrone antique : « Allez, monsieur, oubliez devant le roi femme et enfants... J'aime mieux vous voir aller avec honneur à la Bastille que de vous voir revenir ici déshonoré. »

DES DEVOIRS

L'exposition de nos devoirs comprend trois catégories de devoirs : devoirs envers les autres, envers nous-mêmes,

(1) Gustave-Adolphe, roi de Suède.
(2) Le Grand Condé.

Citez une réponse de Mathieu Molé à Anne d'Autriche. — Citez les paroles dites à d'Aguesseau par sa femme.

envers Dieu. Mais ces devoirs, qui sont différents les uns des autres, ne varient que par la nature de l'objet auquel ils s'appliquent.

Il est une remarque importante à faire, c'est que nous devons nous acquitter des devoirs que nous avons envers les autres, et que d'autre part ces personnes ont le droit d'exiger de nous que nous nous en acquittions à leur égard.

Cette première relation est le fondement du droit et la source des devoirs. Il y a droit parce qu'il y a devoir, et réciproquement.

ENVERS QUI AVONS-NOUS DES DEVOIRS ?

Il faut aussi remarquer que ces devoirs se rapportent tous à nous-mêmes. L'homme qui a des devoirs est le débiteur d'une foule de gens qui sont à son égard créanciers de ces devoirs. La sanction qui le frappe, s'il ne les accomplit pas, est en lui, et l'on peut dire qu'il peut exiger de lui-même qu'il accomplisse ces devoirs, pour ne pas être atteint dans son honneur.

Il n'y a donc qu'une classe de devoirs à cet égard. Les devoirs que notre conscience exige de nous se rapportent à différentes personnes, à différents ordres de choses, à Dieu même ; c'est notre honneur qui souffre de tous les devoirs que nous n'accomplissons pas, et c'est notre conscience qui nous en punit. Aussi peut-on dire que c'est à l'égard de notre honneur que nous avons tous ces devoirs.

Nous pouvons donc dire que nous avons pour créanciers : Dieu, les autres, nous-mêmes, et enfin notre honneur.

Quelle est la remarque à faire sur les devoirs envers les autres ? — A qui se rapportent uniformément tous les devoirs ? — Quels sont les créanciers de nos devoirs ?

ÉNUMÉRATION DES DEVOIRS

Les devoirs se partagent en trois groupes :

Les devoirs envers les autres ;
Les devoirs envers nous-mêmes ;
Les devoirs envers Dieu.

DES DEVOIRS ENVERS LES AUTRES

Ce groupe de devoirs comprend :

1º Les devoirs envers nos parents ;
2º Les devoirs envers nos frères et sœurs;
3º Les devoirs envers nos serviteurs ;
4º Les devoirs envers notre prochain.

DE LA FAMILLE

Ce mot famille a plusieurs sens. Pour l'enfant, la famille se compose de ses père et mère, de ses grands-parents, de ses frères et sœurs. Pour les père et mère, leur famille, ce sont leurs enfants. Pour tous enfin : oncles, tantes, neveux, nièces, cousins de tous les degrés sont aussi notre famille.

DEVOIRS ENVERS LES PARENTS

Vous devez avoir pour votre père et votre mère la plus grande tendresse, car ils vous aiment de tout leur cœur, vous élèvent avec sollicitude et pourvoient à tous vos besoins. Aussi devez-vous les remercier de tous leurs soins

---

Combien y a-t-il de groupes de devoirs? — Que comprennent les devoirs envers les autres ? — Le mot famille a-t-il plusieurs sens ? — Quels sont les devoirs envers les parents?

et de tout leur amour par votre respect et votre obéissance. Évitez d'être familier avec eux comme avec vos camarades et de discuter leurs ordres comme ceux de vos égaux.

Vous devez aussi avoir en eux une entière confiance, leur avouer vos fautes et vous efforcer de vous corriger suivant leurs conseils.

Un des principaux devoirs est l'assistance donnée aux parents; et les enfants ne devront jamais oublier qu'ils doivent aider de leurs forces et de leurs biens leurs parents lorsque l'âge les a affaiblis ou que leurs ressources sont épuisées.

DEVOIRS ENVERS LES FRÈRES ET SŒURS

Les frères et sœurs se doivent entre eux un grand amour, car ceux que nous devons chérir le plus après nos parents sont nos frères.

Les frères et sœurs ont la même origine, une affection commune pour les mêmes parents ; chéris par ceux-ci, leur plus grand souci doit être de s'aimer entre eux et de refléter dans leur amour celui de leurs parents.

Les aînés doivent aider et protéger les plus jeunes et s'efforcer de les encourager, de les exciter au bien par l'exemple de leurs vertus et de leur bonne conduite.

DEVOIRS DES PARENTS ENVERS LEURS ENFANTS

Les devoirs envers la famille sont pour les époux de s'aimer, de s'estimer, de se soutenir l'un l'autre et de se donner réciproquement le bon exemple de toutes les vertus.

Quels sont les devoirs des frères et sœurs entre eux ? — Pourquoi ont-ils ces devoirs ? — Les aînés n'ont-ils pas des devoirs particuliers ?

Les devoirs des pères et mères sont de s'appliquer sans relâche à rendre leurs enfants religieux, moraux, intelligents et instruits selon leur position. Ils doivent s'imposer tous les sacrifices pour leur éducation, leur instruction, leur moralité, leur santé. Ils doivent faire de leurs garçons des hommes réfléchis, soumis, consciencieux, laborieux, ennemis du désordre et de la mollesse; de leurs filles, des femmes sincèrement pieuses, amies du travail, de l'ordre, de la simplicité, des femmes enfin à la tête solide, au cœur fort, à la vertu aimable et invincible.

DEVOIRS ENVERS LA FAMILLE

Nous devons aimer nos oncles et tantes qui nous aiment de tout l'amour qu'ils portent à nos parents, qui sont leurs frères et sœurs, nous devons aussi les respecter et les assister.

Nos devoirs sont les mêmes vis-à-vis de nos cousins et cousines, car les membres d'une famille doivent être liés entre eux d'une sincère amitié. Les liens du sang sont en effet les plus solides et les plus durables de ceux qui nous unissent à nos semblables.

DEVOIRS ENVERS LES SERVITEURS

Les devoirs envers les serviteurs sont l'affabilité et l'égalité d'humeur ; il faut éviter de les reprendre avec aigreur et de leur donner des ordres d'une manière qui pourrait les blesser. Ils auront alors d'autant plus de sa-

---

Quels sont les devoirs des parents envers les enfants? —Quels sont nos devoirs envers nos oncles et tantes, nos cousins et nos cousines? — Comment s'expliquent ces devoirs? — Quels sont les devoirs envers les serviteurs?

tisfaction à s'acquitter de leur charge, qu'ils sentiront mieux qu'on sait apprécier leurs services. Soyez doux et bons avec eux en évitant une trop grande familiarité, ce qui compromettrait votre autorité à leur égard.

Les domestiques de leur côté doivent estimer et respecter leurs maîtres, faire leur service avec dévouement et se conformer à leurs ordres sans murmurer et sans montrer d'impatience.

DEVOIRS ENVERS LE PROCHAIN

Les hommes, quels qu'ils soient, doivent se traiter réciproquement avec bonté et fraternité : aider, secourir, assister son prochain selon ses forces et ses moyens sont les devoirs généraux de tous les hommes les uns envers les autres, des riches envers ceux qui ne le sont pas, des jeunes et des forts vis-à-vis des vieillards et des faibles.

Il y a quelques devoirs particuliers qui tiennent à la situation, au rang de chaque individu, tels que les devoirs des supérieurs envers leurs subordonnés, ceux des subordonnés envers leurs supérieurs.

Les devoirs des supérieurs vis-à-vis de leurs inférieurs sont la sollicitude, l'affabilité, le respect pour l'homme dans quelque humble position qu'il soit, la justice, l'assistance, la politesse du langage et des manières.

Il faut éviter l'indifférence égoïste, le dédain et les airs de supériorité qui blessent ceux qui en sont l'objet.

Les domestiques ont-ils des devoirs envers les maîtres ? — Quels sont les devoirs envers le prochain ? — Quels sont les devoirs des supérieurs envers les inférieurs ?

Les devoirs des inférieurs envers les supérieurs sont de les aimer, de les respecter, de veiller à leurs intérêts, de leur obéir en ce qui est juste et honnête ; cela est renfermé dans ces mots : dévouement, soumission, probité et respect.

LA CHARITÉ

Enfin il est une classe de devoirs remarquables entre tous : ce sont ceux qui composent par leur ensemble la charité.

D'une manière générale le devoir de ceux qui ont quelque bien envers ceux qui en sont dépourvus est de les assister dans les limites du possible.

Ce devoir est toujours sérieux, mais peut être plus ou moins rempli selon les ressources dont on dispose, selon les circonstances de temps, de lieu, de rang ; selon l'intérêt que réclame le malheureux que l'on va secourir, par la connaissance qu'on a de ses vertus ou de ses vices, de ses malheurs, suivant qu'ils résultent du désordre ou d'accidents imprévus.

L'un des sentiments universels que le christianisme a profondément enracinés dans le cœur humain est celui de l'égalité naturelle des hommes. Nous lui devons un spectacle particulier à l'époque chrétienne : celui d'une classe, venant en aide à une autre classe, des heureux venant au secours des malheureux, de l'homme libre revendiquant les droits de l'homme opprimé.

DEVOIRS ENVERS L'AUTORITÉ

Ces devoirs diffèrent suivant les individus et sont particuliers aux citoyens d'une même nation.

Quels sont les devoirs des inférieurs envers les supérieurs ? — Qu'est-ce que la charité ? — Quel est le sentiment que le christianisme a fait entrer dans le cœur humain ? — Pourquoi avons-nous des devoirs envers l'autorité ?

L'homme ne peut vivre en société et les sociétés ne peuvent être qu'à la condition que tous les devoirs de chacun soient accomplis. C'est sur les droits qui résultent de ces devoirs que repose l'organisation de la société.

Les devoirs envers l'autorité sont : la soumission aux lois, le respect dû aux représentants de l'autorité ; cela dit en deux mots les divers devoirs sociaux des citoyens.

Tout bon citoyen doit payer l'impôt régulièrement voté, remplir ses devoirs militaires, respecter les agents du gouvernement.

Il est de l'intérêt de tous que chacun remplisse ses devoirs de citoyen, que tous les électeurs soient inscrits sur les listes électorales, et que tous tiennent à honneur de voter et de donner leurs voix à des candidats mûrement choisis.

Un bon citoyen aime fortement sa patrie.

DEVOIRS DANS L'ÉCOLE

Le maître est dans l'école le représentant des parents ; c'est à lui qu'ils ont confié leur autorité, et comme il en use toujours avec douceur et bonté, il doit être obéi comme les parents eux-mêmes.

De plus son désir comme son rôle sont de développer l'âme de l'enfant, de perfectionner son esprit, et ce rôle si beau lui donne des droits à l'amour de son élève, qu'il a guidé sur la route du vrai, du beau et du bien.

Cette entreprise est aussi difficile qu'elle est grande et belle ; l'enfant doit donc s'efforcer de prêter toute son atten-

---

Quels sont-ils? — Quel est le signe caractéristique d'un bon citoyen ? — Quels sont les devoirs de l'élève envers le maître ? — Pourquoi le maître a-t-il des droits à l'amour de son élève ?

tion aux leçons qu'il reçoit, et joindre à son obéissance et à son amour la docilité et le respect.

Il reste enfin un dernier devoir qui non seulement facilite la tâche du maître, mais la lui rend agréable et même délicieuse ; c'est la reconnaissance. En témoignant au maître toute sa gratitude, l'enfant fait plus que prouver au maître qu'il a profité des leçons qu'il a reçues, il montre qu'il en a apprécié la valeur. C'est là pour le maître l'assurance que son élève n'oubliera jamais cette science dont il voit tout le prix.

Ce dernier devoir suppose tous les autres, et à ce titre il est d'autant plus cher au maître. On ne témoigne jamais en effet de reconnaissance de la possession d'une chose que quand cette possession procure une utilité, et certes jamais élève n'a pu profiter de l'instruction qui lui a été donnée, s'il n'a obéi, aimé, écouté et respecté son maître.

DEVOIRS ENVERS SOI-MÊME

Les devoirs envers soi-même se composent de tout ce que 'homme doit faire ou éviter pour sa dignité, sa réputation, sa propre conservation ici-bas, sa glorification dans la vie future.

De ces devoirs, les uns s'adressent directement au corps, les autres à l'âme.

DE L'HYGIÈNE

L'hygiène détermine les conditions nécessaires à la santé et les moyens à employer pour sa conservation.

Ce sont d'abord les devoirs de propreté que l'hygiène nous prescrit et que nous ne saurions violer sans que notre santé n'en souffre.

Que prouve la reconnaissance de l'élève ? — Quels sont les devoirs envers soi-même ? — Comment se divisent-ils ? — Qu'est-ce que l'hygiène ?

Les soins de propreté du corps sont un des moyens les plus efficaces de s'entretenir en bonne santé.

DE LA SOBRIÉTÉ ET DE LA TEMPÉRANCE

Les devoirs de sobriété et de tempérance viennent donner à notre corps cette régularité de fonctionnement qui ménage ses forces. Il résulte aussi de cette régularité une exactitude dans les actes de notre vie, qui les rend plus faciles et donne à l'esprit un calme précieux au développement de ses facultés.

DE L'IVRESSE

L'ivresse est le plus grave manquement à ces devoirs, c'est aussi un des plus dangereux.

Elle expose l'homme assez malheureux pour s'y livrer, à un grand péril, car elle lui enlève la connaissance de ses actes, comme des dangers qui s'offrent à lui.

Mais elle le menace d'une calamité plus grande encore que ces dangers, calamité qui le suit partout et toujours, même dans ses enfants; l'ivresse anéantit l'esprit de l'infortuné et fait de lui une brute.

La paralysie et la folie sont le but épouvantable vers lequel l'ivrogne se précipite d'une marche aussi rapide qu'inévitable.

GYMNASTIQUE

Le devoir d'exercer notre corps se joint aux devoirs qui le conservent ; la propreté, la sobriété et la tempérance l'entretiennent, la gymnastique le développe. Elle rend

---

Quelle est l'utilité de la sobriété et de la tempérance? — Quels dangers résultent de l'ivresse? — Quel est le résultat de la gymnastique?

l'homme plus robuste, plus adroit, elle le perfectionne, c'est l'instruction du corps, comme l'instruction est la gymnastique de l'esprit.

Ce devoir s'impose aux bons citoyens. En se développant, ils concourent à augmenter la force de leur patrie, ils assurent son indépendance et sa gloire.

Il faut se souvenir de ce proverbe, qui nous vient des Romains : Si tu veux la paix, sois prêt à la guerre.

BIENS EXTÉRIEURS. — ÉCONOMIE

Notre principal devoir à l'égard des biens extérieurs est l'économie. Elle est une grande vertu, car sans elle l'homme vit comme les animaux, au jour le jour, sans souci de lui-même, sans souci de ses proches et de ses semblables. L'homme qui met de côté chaque jour un peu du produit de son travail pense à l'avenir, il prévoit les années de malheur, les maladies, la vieillesse ; il pense à ses enfants, qui continueront après lui à administrer le patrimoine qu'il aura su acquérir et qui, portant son nom, continueront sa personne aux yeux de la postérité.

Économiser, c'est donc faire acte d'intelligence ; c'est croire en son âme, croire à la vie future.

CONSEILS DE FRANKLIN

Franklin donne sur l'économie des conseils précieux. Économisez, dit-il, un sou chaque jour de votre revenu c'est le moyen de devenir riche, vous vous trouvez ainsi à l'abri du besoin.

Quelle est son utilité ? — Commenter le proverbe : Si tu veux la paix, sois prêt à la guerre ? — Pourquoi se prive-t-on pour économiser ? — Montrer toute la noblesse de ce devoir. — Analyser les conseils donnés par Franklin ?

Épargnez le temps, c'est de l'argent, dit-il encore, en effet vous auriez pu employer ce temps à un travail qui aurait représenté une valeur qui se trouve ainsi gaspillée.

Se lever et se coucher tôt vous donnera : santé, fortune et sagesse. Ce conseil qu'il donne est aussi d'une grande sagesse, le repos régulier rend le corps souple et dispos, ce qui permet un plus grand travail, d'où résulte un plus grand profit. Pour mettre en pratique ces deux préceptes, il faut se dominer soi-même : cette possession de soi-même qui entraîne une modération dans les désirs et le mépris de la volupté, fait acquérir la sagesse.

Franklin recommande aussi d'éviter les dettes. C'est qu'en effet l'emprunteur ne reçoit d'argent que pour un temps assez bref, que la confiance de son crédit le porte à oublier combien ce délai est court et qu'à l'arrivée du terme il lui faut faire face à deux dépenses, le remboursement de sa dette, le payement de sa subsistance pendant le temps qu'il a vécu de son emprunt.

Franklin naquit à Boston en 1706. Simple ouvrier imprimeur, son travail, sa raison et son économie lui permirent d'abord de devenir imprimeur, puis directeur de journal. Il contribua pour une large part à l'indépendance des Etats-Unis et fut envoyé alors en France par ses concitoyens comme commissaire plénipotentiaire. Il vécut jusqu'en 1790. Sa mort fut annoncée à l'Assemblée constituante par Mirabeau; sur sa proposition, cette Assemblée porta trois jours son deuil. Comme écrivain, son chef-d'œuvre est un petit écrit intitulé : *La Science du bonhomme Richard*, où un bon vieillard parlant à ses amis et voisins réunis pour une vente, leur donne des conseils de sagesse pratique semés de proverbes et de préceptes pittoresques. (On le trouvera reproduit à la fin de ce volume.)

DU JEU

Il faut aussi éviter avec soin le jeu, c'est une funeste passion, elle enlève au joueur l'amour de sa profession et l'écarte du travail, il en vient à compter sur le hasard pour pouvoir subvenir à son entretien et perd peu à peu avec le goût du travail le sentiment de son honneur et de sa dignité.

DE L'AVARICE

Mais si l'on doit être économe, il ne faut pas rechercher trop l'argent ; le désir d'un gain immodéré est aussi funeste que la prodigalité. Si le prodigue ne sent pas la valeur de ce qu'il jette, l'avare ne sent pas l'utilité de ce qu'il amasse. Tous deux ne pensent qu'à jouir de l'argent qu'ils ont, l'un en folles dépenses, l'autre en stériles contemplations ; ces deux passions sèchent le cœur et avilissent l'homme.

DU GAIN IMMODÉRÉ ET DU TRAVAIL

Le désir d'un gain immodéré est d'autant plus blâmable que tous nos efforts pour l'obtenir nous entraînent à désirer une rémunération de notre travail plus grande que celle que nous devons justement recevoir. C'est au détriment de nos semblables que nous l'obtenons, puisque nous obtenons plus que nous n'avons produit.

Le danger de cette préoccupation est d'autant plus grand que tous nous subissons l'obligation du travail, car tous nous naissons avec des besoins à satisfaire et des devoirs à remplir.

Il faut travailler pour subvenir à notre existence et à celle de nos parents, travailler pour exercer

---

Développer les dangers de la passion du jeu ? —Comparer le prodigue à l'avare. — Pourquoi travaillons-nous ?

notre corps, travailler aussi pour perfectionner notre âme ; le travail est donc la cause de notre vie, c'est donc l'obligation de tous ceux qui vivent.

Aussi bien tout travail satisfait-il a la règle commune qui nous régit tous. Le travail manuel est beau et grand comme tout travail, car son but est le même, de plus il est noble entre tous, car il est le plus simple, le plus utile, souvent même le plus dur et le plus rebutant.

LE TRAVAIL

Le travail est une nécessité et un des devoirs de la vie civile. Le travail est l'application des facultés physiques et intellectuelles à l'œuvre que commande la loi morale, la gloire ou le besoin.

Les fainéants sont les frelons malfaisants qui dévorent le miel produit par l'industrie laborieuse des abeilles. Si le repos a des douceurs, il les réserve toutes à celui qui a éprouvé les fatigues du travail.

La dignité du travail a été établie par le christianisme ; avant son avènement, le travail manuel était ignominieux et le lot des seuls esclaves. Aucun philosophe de l'antiquité n'a admis qu'un travailleur pût être citoyen.

Les avantages matériels du travail sont nombreux : ils procurent à la famille le pain, les vêtements, l'habitation, le mobilier ; il enrichit le pauvre et rétablit entre les hommes une certaine égalité ; enfin le travail rapproche et unit les nations.

DE L'HONNEUR

L'honneur est la qualité qui se développe en nous

d'autant plus que nous accomplissons mieux nos devoirs. C'est aussi lui qui souffre de toutes les négligences que nous apportons à les accomplir. C'est se respecter que d'éviter de blesser son honneur, et plus on se respecte, plus on est digne du respect d'autrui.

DE LA MODESTIE

Mais le respect est d'autant plus mérité qu'on cherche moins à s'en faire reconnaitre digne. La modestie est une des vertus les plus rares et les plus utiles.

La personne qui a du mérite se rend d'autant plus sympathique à ses semblables qu'elle montre moins d'empressement à le faire valoir ; elle est d'autant plus utile à ses semblables, qu'elle cherche plus à mettre les qualités que la nature lui a données à leur portée, et qu'en les voilant elle éveille moins leur jalousie. Il faut pour cela ne pas s'abuser sur sa valeur personnelle et savoir reconnaitre ses défauts.

DE L'EMPIRE SUR SOI-MÊME

Cette connaissance de soi-même témoigne d'un empire sur soi-même qui permet de regarder attentivement les qualités et les défauts que l'on possède. L'effet de cet empire est grand, car il donne à celui qui le possède le pouvoir de tirer un meilleur parti de ses qualités et d'éviter la domination fatale de ses défauts.

DE L'AMOUR DE LA VÉRITÉ

Mais il faut pour cela un grand amour de la vérité. Quand on la désire pour soi on la recherche chez les autres,

---

Quels sont les effets de la modestie ? — Quel est l'effet de l'empire sur soi-même ?

et l'on s'applique à l'observer à leur égard. Rien ne relève plus notre honneur que ce souci de la vérité. L'homme sincère y gagne un crédit qui le fait rechercher et le rend d'autant plus digne d'estime, qu'il combat plus victorieusement les passions qui le sollicitent au mal.

DE LA VÉRITÉ

La modestie et la sincérité sont deux formes de la vérité, toutes deux voisines ; et la perfection qu'elles nous donnent est digne du but de notre vie.

Pour y arriver il faut éviter avec soin le mensonge, qui nous rend perfides et indignes de la confiance de nos semblables.

DE L'ORGUEIL

Il faut aussi éviter l'orgueil par lequel l'homme veut s'élever au-dessus de la place que ses mérites lui réservent.

L'orgueilleux, pour s'élever, s'efforce d'abaisser ceux qui l'approchent ; aussi la solitude se fait-elle bien vite autour de lui. Il en souffrira bien péniblement, car tous nous avons besoin les uns des autres, et il est impossible de se passer de l'aide d'autrui dans la vie.

Il faut éviter aussi : la vanité, qui fait que l'on attache un prix plus grand à des qualités du corps, périssables comme lui, qu'aux qualités de l'esprit, nobles et immortelles comme celui-ci ;

La coquetterie, qui est un désir insensé de briller de l'éclat emprunté à des ornements frivoles, qui ne valent que par l'avidité avec laquelle on les recherche, et de satisfaire du même coup sa vanité et son orgueil ;

Quel est le profit de l'homme sincère ? — Que faut-il pour nous rendre digne de la confiance de nos semblables ? — Qu'arrive-t-il à l'orgueilleux ? — Quel défaut suppose la vanité ? — Comparer la vanité, la coquetterie et la frivolité ?

La **frivolité**, qui donne à des détails de toilette, à des recherches exagérées de soins futiles, l'importance d'occupations sérieuses.

DE L'IGNORANCE

Il est un devoir envers notre âme, devoir général et qui est le plus grand de tous ceux que nous avons envers elle : le devoir de nous instruire.

Aussi doit-on n'avoir qu'un désir, se perfectionner : s'instruire, c'est toute notre vie. L'ignorance c'est déjà la mort, c'est la mort de l'âme ; vouloir rester ignorant, c'est tuer son âme, c'est être aussi criminel que celui qui tue son corps.

Les élèves doivent donc prendre le plus grand soin de profiter des leçons de leur maître.

DES PRÉJUGÉS ET DES SUPERSTITIONS POPULAIRES

On doit entièrement s'affranchir des préjugés et des superstitions populaires, telles que les croyances aux sorciers, aux revenants, à l'influence de certains nombres. Qu'importe de se trouver treize à table, de se mettre en voyage ou de commencer une entreprise le vendredi ? Il est niais de s'affliger du renversement de la salière et d'autres sots présages qui répugnent à la raison.

Quand on rencontre ces préjugés puérils chez des personnes âgées, il ne faut point les heurter avec impolitesse, mais il faut ne pas se laisser influencer par ces antiques niaiseries.

Pourquoi l'ignorant est-il coupable ? — Comment faut-il agir avec les préjugés et les superstitions populaires ?

COURAGE ET FORCE DE CARACTÈRE

La valeur des actions et le succès des entreprises dépendent de la réflexion et de la prudence que l'on apporte à les accomplir. Mais la vie est mêlée d'événements heureux et d'accidents fâcheux, contre lesquels la sagesse humaine est en défaut. Cependant il est une vertu dont la possession est un remède aux calamités les plus fâcheuses, aux conjonctures les plus périlleuses, c'est le courage.

L'homme courageux sait supporter les épreuves qui l'atteignent avec une intrépidité qui le préserve, et le succès est souvent son lot.

Le péril comme le malheur doivent exciter l'homme à de nouveaux efforts, grâce auxquels il triomphe.

Celui-là seul est fort qui sait rester modeste dans la fortune, mais aussi demeurer inébranlable et maître de son intelligence dans le péril et dans le malheur.

DE LA PATIENCE

Il est encore une vertu dont la possession procure un avantage considérable, c'est la patience. Celui qui est patient dispose d'une force considérable, qui lui permet de surmonter les plus grands obstacles. La goutte d'eau qui tombe lentement et invariablement à la même place creuse la pierre la plus dure, et la constance inébranlable de l'homme patient le rend propre à surmonter les calamités les plus accablantes et les plus pénibles.

AVANTAGES DE L'UNION DE LA PATIENCE ET DU COURAGE

La patience et le courage laissent à l'homme qui en est

Quel avantage possède l'homme courageux ? — La patience est-elle une force ?

doué l'emploi libre de toutes les facultés de son âme. Le plus beau et le plus merveilleux privilège de l'espèce humaine est la faculté qu'elle possède de s'ingénier, de varier ses moyens d'action, c'est en un mot l'esprit d'initiative. C'est une qualité qui nous permet de trouver sans cesse de nouveaux moyens de tourner ou de franchir les obstacles qui s'élèvent dans notre carrière.

Les avantages de ces vertus imposent à tous le devoir impérieux de les cultiver, et quiconque cherche à donner un libre essor aux aspirations de son âme vers le vrai, le beau et le bien, doit s'efforcer de rester toujours lui-même et de se réserver le libre exercice de toutes les forces vives de son intelligence.

DE LA COLÈRE

La colère est un sentiment dangereux capable de nous porter aux plus fâcheux excès et aux plus regrettables actions. En se laissant aller à la colère, on perd le sentiment de sa dignité et on subit la tyrannie de ses sens. On fait acte de brute et on s'avilit.

PROTECTION DES ANIMAUX
LOI GRAMMONT

L'homme a non seulement des devoirs envers ses semblables, mais encore envers les autres créatures que Dieu a créées avec lui et qui l'entourent dans l'univers.

Les animaux doivent être traités avec douceur, et il serait honteux d'abuser de notre supériorité pour les faire souffrir. D'autant plus que les animaux qui sont le

---

Quel résultat produit l'union du courage et de la patience? — Quels sont les effets de la colère ? — Comment les animaux doivent-ils être traités?

plus exposés à ces violences sont les animaux domestiques,
ceux-là mêmes qui nous rendent des services continuels et
sur lesquels nous fondons notre nourriture et notre entretien. L'homme a su utiliser le produit des animaux, il a
su en tirer le parti le plus avantageux ; mais s'il a su faire
du drap de la laine, des fromages du lait, il ne doit jamais
oublier qu'il doit aux animaux la laine et le lait.

Du reste le législateur, profondément frappé de ce devoir
et des résultats odieux de l'ingratitude de l'homme envers
les animaux compagnons de son existence et ses bienfai-
teurs infatigables, a, par une loi dite Loi de Grammont,
établi une répression pour ceux qui se signalent par une
brutalité toujours révoltante envers les animaux.

Loi de Grammont du 29 juillet 1850. —Loi relative
aux mauvais traitements envers les animaux domestiques. —
Article unique : Sont punis d'une amende de cinq à quinze
francs, et pourront l'être d'un à cinq jours de prison,
ceux qui auront exercé publiquement et abusivement des mauvais
traitements envers les animaux domestiques.

La peine de la prison sera toujours appliquée en
cas de récidive.

L'HOMME QUI NÉGLIGE SES DEVOIRS ENVERS LUI-MÊME EST COUPABLE

L'homme qui ne remplit pas ses devoirs envers lui-même
est celui qui se dégrade en ne conservant pas l'empire
sur ses passions. La paresse, l'intempérance, la haine,
le désespoir l'ont envahi, et c'est avec trop de raison que
ces passions sont considérées comme les ennemis de l'homme
et de la société.

Quelle est la date de la loi de Grammont ? — Quelles pénalités édicte la loi
de Grammont ? — Qu'arrive-t-il à l'homme qui ne remplit pas ses devoirs
envers lui-même ?

De même que l'homme doit s'efforcer de perfectionner son âme, il doit prendre soin de conserver la vie qui lui a été confiée. Aussi celui qui se suicide viole les lois divines et humaines. Il manque de courage pour supporter les peines de la vie, il détruit en lui l'œuvre de Dieu.

Le suicide est chez les peuples le signe de passions désordonnées : ambition des honneurs, des richesses, de la gloire, folles chimères.

Le malheureux qui se tue par la volonté qui dirige son âme coupable, ne détruit que sa vie physique : sa volonté est l'occasion, sa vie physique est la victime.

DEVOIRS ENVERS DIEU

Les devoirs envers Dieu consistent à :

Croire en Dieu : c'est tenir pour certain qu'il y a un Dieu qui nous a créés et mis sur la terre, comme il a créé la terre sur laquelle nous vivons et le monde qui nous entoure.

Espérer en Dieu : c'est attendre avec une ferme confiance de sa bonté infinie les biens éternels et sa grâce pour y parvenir.

Aimer Dieu : c'est attacher notre cœur à Dieu comme à notre souverain bien et notre dernière fin. Il faut aimer Dieu de tout notre cœur, de tout notre esprit, de toutes nos forces. Ceux qui mettent leur souverain bien ailleurs qu'en Dieu, comme les ambitieux dans les honneurs, les avares dans les richesses, les voluptueux dans les plaisirs sensuels, n'aiment pas Dieu.

L'adorer lui seul : c'est lui rendre le culte et les hommages que nous lui devons comme au premier Être et à notre créateur.

Que fait celui qui se suicide ? — Quels so   les devoi   envers Dieu ?

DE LA VIE INTELLECTUELLE

La vie intellectuelle, c'est l'âme dans l'exercice de ses facultés. L'exercice intellectuel est nécessaire à l'âme comme l'exercice physique est nécessaire au corps. Il assure à l'intelligence sa force, sa profondeur, son étendue, son accroissement, sa persistance. L'homme doit donc s'appliquer à l'exercice de ses facultés intellectuelles. Sans cette application à cultiver, augmenter, orner, exercer son intelligence, il descend honteusement dans l'abrutissement ; ses facultés baissent, et il n'est bientôt plus bon à rien, quand il est si important dans la société moderne d'être bon à tout.

DE L'INSTRUCTION EN GÉNÉRAL

Les moyens de culture intellectuelle pour l'homme social se trouvent d'abord dans la famille, quand elle peut la donner, mais, à son défaut, ces moyens sont généralement prodigués par les gouvernements civilisés, et particulièrement par la France, dans ce que nous appelons l'instruction publique.

Par l'instruction publique on entend l'administration chargée par l'État de la direction et de la surveillance des maisons d'éducation, des asiles, des écoles primaires, des collèges, des lycées, des écoles normales, des écoles spéciales, et des facultés.

Qu'est-ce que la vie intellectuelle ? — Quel est l'effet de l'exercice intellectuel ? — Où se trouvent les moyens de culture intellectuelle ? — Qu'entend-on par instruction publique ?

Les différentes instructions utiles à l'homme social, selon la position qu'il occupe ou veut occuper, sont :

L'instruction élémentaire ;
L'instruction secondaire ;
L'instruction professionnelle ;
L'instruction scientifique ;
L'instruction littéraire.

INSTRUCTION ÉLÉMENTAIRE

L'instruction élémentaire comprend la lecture, l'écriture, l'arithmétique, les premières notions d'histoire et de géographie. Cette instruction est nécessaire à tous, car elle renferme les notions indispensables au dernier des hommes civilisés. Le sauvage peut bien vivre sans ces notions ; mais l'homme civilisé, quel qu'il soit, ne le peut plus. Quelle honte de tous les instants, quelle cause d'infériorité douloureuse, quel dommage quotidien pour le malheureux qui ne sait pas lire les lettres de sa mère ; qui ne peut pas lui écrire les peines secrètes de sa vie ; qui ne sait pas s'assurer de l'exactitude des calculs qu'on lui présente ; et qui n'aura jamais la joie de lire dans nos grands historiens les gloires de sa chère patrie ! Quel ne sera pas le dénuement de l'homme qui, rentré dans ses foyers après avoir acquitté sa dette au service militaire, rapportera une infirmité le rendant incapable de reprendre l'exercice de sa profession ! Aucun des emplois, même le plus modeste, dont l'État et les communes disposent en faveur des anciens militaires, ne lui sera accessible.

Quel sont les différents degrés d'instruction ? — Que comprend l'instruction élémentaire ? — Montrez les effets de l'ignorance

Combien donc sont coupables les parents qui ne procurent pas à leurs enfants les bienfaits de l'enseignement élémentaire, si c'est réellement par leur faute que leurs enfants restent ignorants. Tous les désordres et les malheurs résultant de cette funeste ignorance seront imputés à ces parents égoïstes et insouciants. Aussi la loi du 28 mars 1883 a-t-elle usé d'une rigueur bien méritée contre eux, en les punissant de l'amende s'ils n'envoient pas leurs enfants à l'école.

L'État, les départements, les communes donnent à tous les moyens de faire instruire leurs enfants gratuitement. Les écoles communales sont multipliées partout ; l'enseignement y est donné par des moyens ingénieux, faciles, agréables sur la lecture, l'écriture, l'arithmétique, l'orthographe, l'histoire, la géographie, le dessin linéaire et les autres sciences nécessaires à tout homme qui aspire à être un bon citoyen.

Enfin quand un adulte a été négligé dans son enfance sous le rapport des connaissances élémentaires, il peut avec du courage et de la persévérance, réparer ce malheur. Il y a des instituteurs partout. Ce n'est pas seulement à Paris qu'il existe des cours d'adultes ; il y a dans toutes les villes, et même, pendant les soirées d'hiver, dans les communes, des cours ou des leçons pour les adultes illettrés. À Paris les cours du soir instruisent un nombre considérable d'élèves.

Aussi l'ignorant est-il aujourd'hui digne d'être mis au ban de la société, qui peut lui reprocher son infirmité comme une honte, puisqu'elle a tout fait pour le rendre un homme, c'est-à-dire un être instruit.

Peut-on réparer le tort qui résulte d'une instruction tardive ? — Comment le peut-on

INSTRUCTION SECONDAIRE

L'instruction secondaire est celle qui est nécessaire aux professions dites libérales. Elle renferme l'étude des langues, de l'histoire, de la géographie ancienne et moderne, les mathématiques et les principales notions de physique, de chimie et des sciences naturelles. Cette instruction secondaire est donnée dans les lycées et institutions, où les élèves sont mille fois heureux de tout ce qu'ils peuvent acquérir, s'ils travaillent avec ardeur. Ils sont bien à plaindre quand ils ne veulent pas saisir et garder les trésors de science qui leur sont livrés pour la prospérité, l'honneur et la gloire de leur vie entière. Cette instruction leur ouvrira l'esprit et leur permettra d'occuper certaines positions importantes dans la société. Dans le nombre il y en a qui seront députés, sénateurs, ambassadeurs, ministres, pendant que d'autres paresseux écoliers devenus hommes, langüiront dans l'obscurité ou la misère.

Car toujours celui qui travaille est récompensé et reçoit en échange de sa peine la satisfaction que méritent son intelligence ouverte, son esprit orné, rompu au labeur, tandis que celui qui dépense vainement les heures d'étude les voit fuir entre ses mains, et n'ayant rien appris en temps utile se trouve incapable de subvenir à son entretien et à ses besoins, il est inutile pour la société, bien plus il est inutile à lui-même.

INSTRUCTION PROFESSIONNELLE

La vie intellectuelle chez l'homme social exige aussi des études professionnelles importantes pour les métiers spé-

---

Que renferme l'instruction secondaire? — Où est-elle donnée? — Que devient le paresseux? — Comparer la vie de l'homme laborieux à celle du paresseux?

ciaux : ce sont ces études qui amènent la supériorité dans la concurrence industrielle. Les expositions
ont fait constater ce point important. Les Anglais ont fait
dans ces derniers temps un progrès très remarquable
dans les industries qui demandent du goût et une éducation artistique, où nous les avions complètement distancés.
Et notre prééminence paraîtrait menacée. Qu'ont donc
fait les Anglais depuis vingt ans pour atteindre ce but?
Ils ont créé une bonne éducation des classes ouvrières,
en vue d'une amélioration dans les produits du travail.
Ils ont mis partout des écoles de dessin linéaire, d'ornement, de moulage, des arts décoratifs, des arts industriels,
des musées. Ils n'ont rien épargné pour cela : fondations
particulières, dons, allocations du budget; l'initiative privée
et le gouvernement ont uni leurs efforts. C'est ce qu'a fait
de nos jours le gouvernement de la République et notre
chère France saura profiter de ces dépenses et reconquerra
par le travail la place que la guerre lui a fait perdre et
qu'un jour elle reprendra !

Le jeune campagnard qui se voue exclusivement à
l'agriculture a besoin aussi d'une instruction professionnelle quand il sort de l'école primaire. En effet l'agriculture, la plus importante des industries, doit suivre
les progrès de la science, et trouver des intelligences
pour les comprendre.

Il est facile aux jeunes gens sans fortune de suivre des
cours publics traitant de ces diverses connaissances professionnelles. Dans beaucoup de petites villes, dans toutes
les grandes villes de France, et à Paris surtout, des cours
professionnels, sont ouverts tous les soirs. On y voit des

Quel est le but de l'instruction professionnelle ? — Quelle est son utilité pour
l'agriculture ?

milliers d'hommes attentifs à la parole du professeur émi-nent de physique, de chimie, de mécanique industrielle et de géométrie.

Quand un homme suit avec assiduité, avec amour, avec une attention soutenue les leçons des maîtres de la science ; quand il rédige avec soin les notes qu'il a re-cueillies ; quand il vit jour et nuit avec les livres spéciaux à son industrie, il arrive infailliblement aux positions élevées de sa profession.

INSTRUCTION SCIENTIFIQUE

Depuis la fin du dernier siècle, des sciences nouvelles sont comme sorties du néant.

On n'avait qu'un simulacre de chimie, et l'on sait quelle place cette science tient aujourd'hui par son application aux arts, à l'agriculture et à l'industrie.

La géologie est venue nous apprendre l'histoire si inté-ressante de notre planète, pendant que l'histoire naturelle prenait de son côté des développements extraordinaires.

La médecine se renouvelait complètement par les seules données fournies par l'anatomie pathologique, tandis que la chirurgie était soumise à des règles mathématiques.

Que n'a-t-on pas fait aussi pour la géographie et pour l'histoire contemporaine?

L'astronomie a produit la mécanique céleste, découvert de nouveaux mondes dans l'espace et créé des instruments d'une dimension, d'une portée et d'une précision également étonnantes. En même temps, la grandeur de la terre mieux connue, fournissait la base d'un système désormais invariable de nouvelles mesures.

Où arrive le travailleur sérieux des cours professionnels? — Depuis quelle époque les sciences ont-elles pris un très grand développement ?

Toutes les sciences mathématiques, physiques et mixtes ont fait des acquisitions nombreuses, et ont été portées par un même mouvement vers leur perfection.

Les applications de la vapeur et de l'électricité, qui suffiraient pour illustrer un siècle, **ont changé la face de l'industrie** en attendant qu'elles changent les destinées des nations.

Tant de progrès ont exercé sur l'art de la guerre, sur l'art de la navigation et sur l'art de la mécanique une influence dont on ne saurait encore calculer toute la portée, mais dont on peut envisager déjà les prodigieux résultats au point de vue de l'activité humaine.

D'un autre côté, l'économie politique et sociale devenait une science des plus importantes, pendant que l'agriculture marchait à pas de géant et qu'à la suite de nos révolutions, la législation et la jurisprudence subissaient une rénovation radicale.

L'instruction scientifique a pour objet les sciences proprement dites, c'est-à-dire les connaissances claires et positives basées sur des principes évidents ou sur des démonstrations, et formant ensemble un système.

La division des connaissances humaines est faite en sciences exactes ou positives et en sciences morales et spéculatives. Il y a les sciences naturelles, les sciences morales, les sciences mathématiques et les sciences physiques. Toutes les sciences sont le résultat de l'observation des plus grands génies ; elles nous dévoilent la mystérieuse immensité de l'univers et ramènent notre pensée sur son auteur pour l'admirer, pour l'aimer, l'adorer,

---

Quels ont été les effets des applications de la vapeur et de l'électricité ? — Quel est l'objet de l'instruction scientifique ? — Comment divise-t-on les connaissances humaines ? — Comment se forment les sciences ?

l'invoquer, dans notre grandeur, qui vient de lui, et notre misère, qui vient de nous.

Il n'est pas possible à tous d'avoir des notions scientifiques étendues comme en ont les vrais savants ; mais il y a des notions scientifiques banales à acquérir par tous sur certains objets vulgaires. Par exemple, ne serait-il pas à désirer que tout homme eût quelques notions précises sur la vapeur, les machines qu'elle fait mouvoir et les wagons qu'elle entraîne ? Regarder passivement une locomotive et n'en pas connaître le mécanisme, n'est plus tolérable aujourd'hui. Il en est de même de l'électricité et des fils qui la transmettent.

Mais cela ne fait pas que les sciences physiques soient les connaissances les plus élevées de l'homme.

Partout aujourd'hui l'on célèbre la gloire des sciences physiques et naturelles. Rien de plus légitime, et certes il y aurait de l'ingratitude à ne pas reconnaître la beauté de leurs découvertes et le bienfait de leurs applications ; mais regardez les sciences, non pas du côté pratique, mais du côté spéculatif : demandez-leur non plus ce qu'elles procurent d'agréable à notre corps, mais ce qu'elles apprennent à notre esprit ; vous serez confondu de l'immensité de leurs lacunes. La physique, la chimie, la physiologie amassent des myriades de faits, découvrent chaque jour de nouvelles lois. C'est à merveille ; cependant un fait n'est qu'un fait, et une loi n'est qu'un fait encore, un fait généralisé. Je demande à comprendre le fait, et il n'y a qu'un moyen pour cela, c'est de m'éclairer sur la cause.

La loi de la gravitation est admirable. Les découvertes de Bell, de Magendie, de Claude Bernard sur le rôle dis-

<hr>

tinct des nerfs de la sensibilité et des nerfs du mouvement, sont les plus intéressantes du monde; mais quand vous me parlez de gravitation, d'action musculaire et d'action nerveuse, me parlez-vous d'un fait ou d'une cause? La gravitation comme fait est un mouvement, cela est clair; l'action musculaire comme fait est aussi un mouvement, rien de plus simple; mais la cause? quelle est la cause de la gravitation? Tant qu'il s'agit de constater les phénomènes de la gravitation, de l'action nerveuse, et de ramener les faits à une forme générale, les sciences s'en acquittent parfaitement : mais s'agit-il de savoir la cause de l'attraction, la cause de la vie, voilà ce que la physique, la chimie et la physiologie n'apprennent pas. La psychologie n'a pas les découvertes inattendues et les applications merveilleuses de la physique et de la chimie; mais elle a un avantage incomparable, elle saisit une cause. Au delà des faits, au-dessus des lois elle atteint un principe, elle le saisit d'une étreinte immédiate, elle peut le décrire, l'analyser et en marquer les attributs essentiels. Cette cause, c'est l'être qui a conscience de lui, c'est le principe qui sent, qui pense, qui veut, qui meut. Là est le type de la notion de cause. Là il y a autre chose que des faits et des lois; il y a l'intuition immédiate d'une cause.

Quant à l'utilité pratique des sciences, proclamons-la hautement.

Au début de la vie d'action, un jeune bachelier ès lettres n'est pas dans une position aussi avantageuse que l'élève sortant de l'École polytechnique ou de l'École centrale. Avec la connaissance des langues étrangères et de certaines matières propres aux ingénieurs, aux directeurs d'usines, aux comptables proprement dits, il est assuré

Quelle est l'avantage de celui qui a reçu une éducation scientifique ?

de trouver des positions lucratives et honorables
dans tous les pays civilisés, partout où l'on établit des
chemins de fer, partout où il y a des usines, partout où
l'on rencontre de grandes maisons commerciales ou industrielles. Il va sans dire que nous n'entendons jeter
aucune défaveur sur une éducation particulièrement littéraire. En effet il y a dans la société des professions et des
positions qui exigent cette éducation élevée, si avantageuse
à l'esprit, au cœur, à la noblesse des sentiments, aux habitudes policées de la vie.

INSTRUCTION LITTÉRAIRE

L'instruction supérieure littéraire, ou les belles-lettres,
contribue puissamment à l'élévation de la vie intellectuelle
de l'homme social. En effet, les belles-lettres sont cette
partie des lettres où le beau se révèle, dont le beau est
le principal caractère, comme la poésie, l'éloquence,
le théâtre, l'histoire et la philosophie, quand elle revêt des
formes dignes des sujets sublimes qu'elle embrasse.

L'homme gagne à la lecture des chefs-d'œuvre littéraires plus d'élévation et de noblesse dans le sentiment et la pensée.

On se fait une idée fausse et étroite de la littérature
lorsqu'on la considère isolément et sans tenir compte
de ses rapports nécessaires avec les autres éléments de la
vie sociale. Ce fut un préjugé longtemps accrédité de ne
voir dans les travaux littéraires qu'un délassement des
esprits oisifs, ne se rattachant à aucun des intérêts sérieux
qui occupent l'existence de l'homme. Sans doute il y a
une littérature qui n'est qu'un déplorable hors-d'œuvre

Qu'est-ce que les belles-lettres? — Que gagne-t-on à la lecture des chefs-d'œuvre
littéraires ?

dans la société; mais il y a aussi une littérature qui est mêlée aux événements de la vie, à tous les intérêts, à toutes les passions, à tous les devoirs, à tous les droits, à toutes les vérités.

Il y a des génies illustres et bienfaisants dont les œuvres sont le pain fortifiant des intelligences et des cœurs. Les générations en se succédant se passent ces ouvrages immortels. **Leurs auteurs méritent la reconnaissance de l'humanité.**

A côté de ces génies bienfaisants il y en a d'autres célèbres par leurs livres, intéressants peut-être, mais malsains pour l'individu, pour la famille, pour la société. Ces livres font à l'homme moral ce que le poison fait à l'homme physique. **Ces auteurs restent responsables devant la postérité et devant Dieu du mal que leurs œuvres feront à toutes les générations suivantes.**

La France a produit dans tous les temps des hommes éminents dans les lettres; le monde civilisé admire leurs chefs-d'œuvre. Mère féconde, elle remplit le xixe siècle de ses illustres enfants, historiens, poètes, orateurs, savants, dont le monde entier connaît les noms glorieux. Sans signaler les quatre-vingts dernières années, si riches, si pleines, quels hommes que **Descartes, Pascal, Corneille, Racine, Bossuet, Molière, la Fontaine, la Bruyère, Fénelon,** etc.

La culture intellectuelle donne, révèle ou développe le talent.

Le talent gouverne la société, soit qu'il s'impose à elle par la force et par l'éclat, soit qu'il s'insinue dans sa faveur par l'adresse et par la grâce; il commande aux

---

passions des hommes, soit qu'il les contienne en les gourmandant, soit qu'il les soulève en les flattant. Il établit son empire partout où se trouve un intérêt à défendre ou à combattre, une idée à mettre en lumière ou à étendre, une passion à amortir ou à exciter. Il préside à la direction de la famille, aux délibérations de la justice, aux conseils de la nation. En un mot, le talent est un serviteur qui donne à son maître le pouvoir, les honneurs, le renom, c'est-à-dire toutes les jouissances de l'orgueil satisfait et toutes les voluptés de l'ambition assouvie.

Mais si le talent conduit à la gloire, il ne mène pas nécessairement à l'estime. **On l'admire quelquefois, on l'aime rarement, souvent même on le hait, et il peut arriver qu'on le méprise.**

L'estime n'est acquise au talent qu'en proportion de sa modestie. S'il se prise trop ou s'il ne se respecte pas assez, il est également haïssable.

Dans l'un et l'autre cas, il n'a rien à demander à l'estime d'autrui ; car dans le premier cas il montre qu'il sait s'en passer, et dans le second il s'en rend indigne.

Bien plus, presque toujours il arrive que le talent qui s'estime le plus est celui qui se respecte le moins. L'orgueil se passe volontiers de logique, et, dans sa recherche de la popularité, il s'abaisse par les moyens en voulant se grandir par le but. Le talent le plus orgueilleux devant ses pairs est souvent celui qui s'humilie le plus devant la foule.

L'INSTRUCTION ÉLÉMENT DU PROGRÈS

De l'examen de la vie intellectuelle de l'homme social,

Quel accueil fait-on au talent dans le monde ?

il faut tirer cette conclusion que l'instruction primaire, l'instruction secondaire, l'instruction profession- nelle, l'instruction scientifique, l'instruction litté- raire, sont les éléments du progrès de la vie intellectuelle dans la société.

Quand le plus grand nombre, chez un peuple, ne sait ni lire, ni écrire, ni compter, au XIXe siècle, ce peuple peut bien se livrer aux jouissances matérielles, mais il faut qu'il soit humble, car enfin en masse il est au der- nier degré de la vie intellectuelle.

Mais s'il y a un pays sur la terre dont tous les habi- tants sachent ce que tout homme civilisé doit savoir en notions élémentaires; si ce peuple intelligent produit des hommes de bien, de génie, de talent, qui fassent de beaux et bons livres d'histoire, de philosophie, de religion et même des œuvres simplement agréables; si l'instruction élémentaire et secondaire est donnée à ce peuple avec conscience par des maîtres habiles et moraux, en vérité ce peuple avance vers le sommet de la vie intellectuelle. Il progresse dans le bien et dans le beau, autant que la nation qui est dans des conditions contraires s'avance dans la décadence et dans le mal.

L'ÉTAT OU PUISSANCE PUBLIQUE

L'homme, par son caractère, par ses aptitudes, par ses besoins, est un être sociable. Il est fait pour vivre en société.

La société doit être organisée pour l'avantage et la sécurité de tous.

Cette société, dans son gouvernement et son adminis- tration, s'appelle l'État.

Quels sont les éléments du progrès dans la société ? — Comparez un peuple dépourvu d'instruction et un pays où l'instruction est partout répandue. — L'homme est-il un être sociable ? — Dans quel but doit être organisée la société ?

L'État est une personne abstraite qui résume et représente la nation.

Aucun des pouvoirs du gouvernement constitutionnel n'étant revêtu d'un pouvoir suffisant pour résumer par son nom la société politique, les citoyens se soumettent à deux abstractions :

La loi, qui détermine leurs devoirs ;
L'État, qui les oblige à les remplir.

La société française est constituée d'après des principes fondamentaux, qui sont :

La liberté, l'égalité, la fraternité.

Les principes de nos droits se trouvent réunis dans la **Déclaration des droits de l'homme et du citoyen** votée par l'Assemblée nationale, les 20 et 28 août 1789.

« Les hommes naissent et demeurent libres et égaux en
« droits. Les distinctions sociales ne peuvent être fondées
« que sur l'utilité commune.

« Le principe de toute souveraineté réside essentielle-
« ment dans la nation. Nul corps, nul individu ne peut
« exercer d'autorité qui n'en émane expressément.

« La liberté consiste à pouvoir faire tout ce qui ne nuit pas
« à autrui. Ainsi l'exercice des droits naturels de chaque
« homme, n'a de bornes que celles qui assurent aux autres
« membres de la société la jouissance de ces mêmes droits.
« Ces bornes ne peuvent être déterminées que par la loi. »

LA LIBERTÉ

La liberté vraie naît du fonctionnement régulier de la véritable autorité. La liberté morale individuelle est

---

Qu'est-ce que l'État ? — A quoi doivent être soumis les citoyens ? — Quels sont les principes fondamentaux de la société française ? — Où se trouvent réunis les principes de nos droits ?

le principe et le type de la liberté publique et sociale. La liberté morale est le mouvement sans entraves de la volonté humaine dans le bien. La faculté de choisir le mal n'appartient pas à l'essence de la liberté, mais à son abus ; c'est sa faiblesse et son péril. La liberté morale chez l'homme prend le nom de liberté sociale dans la société.

La liberté du citoyen est un des plus énergiques besoins de son existence, c'est aussi une des choses les plus nécessaires à son activité et à son bonheur.

Elle donne à l'homme le sentiment de la vie dans la liberté ; il sent sa responsabilité engagée par son indépendance, et, maître de sa conduite, il peut s'étudier à bien faire.

Les nations régies, au contraire, par le despotisme, perdent le sens moral avec leur initiative.

L'ÉGALITÉ

L'égalité de droit est consacrée par le christianisme, qui établit l'unité de race et de destinée : c'est-à-dire l'égalité de tous devant la justice humaine et devant la justice de Dieu.

Mais il ne faut pas conclure de l'égalité de droit à l'égalité des conditions, de l'égalité devant la justice à l'égalité devant la fortune, de l'égalité humaine à l'égalité sociale.

L'inégalité est dans l'essence de la société. Il n'y a pas de société sans hiérarchie, et de hiérarchie sans différences et inégalités.

Qu'est-ce que la liberté morale ? — Qu'arrive-t-il aux nations régies par le despotisme ? — Peut-on conclure de l'égalité de droit à l'égalité de conditions?

L'égalité des conditions est un rêve de jaloux ; rêve qui détruit la liberté, la propriété, la culture des sciences, des lettres et des arts.

Il n'y a pas plus d'égalité possible des conditions qu'il n'y a d'égalité possible entre les facultés physiques, morales et intellectuelles de dix hommes pris au hasard.

LA FRATERNITÉ

La fraternité est la communication volontaire et affectueuse de ce que l'on a et de ce que l'on est, pour le bonheur et le perfectionnement réel de ses semblables.

La liberté et l'égalité ont dans l'autorité leur sauvegarde commune ; mais entre l'égalité humaine et la hiérarchie sociale, il faut une puissance conciliatrice qui empêche l'égalité de maudire la hiérarchie et la hiérarchie d'opprimer l'égalité, et l'une et l'autre de supprimer la liberté.

Cette puissance conciliatrice qui empêche les deux autres de se heurter, c'est la fraternité.

DE LA PATRIE

La patrie est la nation dont on fait partie, la société politique et civile dont on est membre, le pays où l'on est né.

Il faut aimer sa patrie, et c'est un devoir facile. Absente, on la pleure ; attaquée, on la défend avec un héroïsme que les femmes, les enfants, les vieillards partagent. Un Français meurt avec joie en criant : Vive la France !

L'égalité des conditions est-elle possible ? — Qu'est-ce que la fraternité ? — Qu'est-ce que la patrie ?

On n'aime pas la patrie à cause de son doux climat, de ses campagnes fertiles, de sa gloire et de ses monuments; ce qu'on aime dans la patrie, c'est elle-même, fût-elle nue, glacée, pauvre, laide. Les Lapons aiment leur patrie misérable comme le Napolitain aime Naples la belle. Mais nous, Français, comment n'aimerions-nous pas notre France, le pays des grands hommes et des grandes œuvres, le pays de la gloire des armes, des sciences, des arts, des lettres, le pays des nobles cœurs et des âmes héroïques?

Le patriote véritable ne se contente pas de beaux sentiments, il sait traduire en actes l'amour qu'il a pour son pays. Le Français patriote ne s'égosille pas à crier constamment : vive la France! mais il obéit aux lois et satisfait avec conscience et ponctuellement aux obligations de contribuable, de soldat, de juré, d'électeur, en un mot à toutes les obligations du citoyen.

PARALLÈLE ENTRE LA FAMILLE ET LA PATRIE

L'enfant doit tout à ses parents, l'homme doit tout à sa patrie.

Pour l'enfant les parents ont tout fait, ils l'ont mis au monde, ils l'ont élevé quand il était petit et chétif, ils l'ont soigné dans les nombreuses maladies qui menaçaient sa vie pendant son bas âge. C'est eux encore qui aident son enfance à lutter contre les maux de la vie, à triompher des obstacles, que seul et sans ce merveilleux secours il serait incapable de surmonter. C'est eux encore qui l'aident quand il est homme et que, dans la plénitude de ses forces,

---

Qu'aime-t-on dans la patrie ? — Que fait le patriote véritable ? — Faites le parallèle entre la famille et la patrie ?

il essaye de se tirer d'affaire; leur expérience et leurs avis lui sont encore indispensables, et le plus grand malheur d'un homme est de perdre ses parents de bonne heure

L'homme reçoit de sa patrie des services aussi grands que ceux qu'il reçoit de ses parents. C'est à elle qu'il doit sa liberté, la seule chose qui existe sur terre, peut-on dire, car toutes les autres lui servent de complément et sans elles n'ont aucune valeur. C'est aux lois de notre pays que nous devons l'égalité, c'est à la France que tout Français doit l'instruction qu'il possède, la fortune qu'il réunit, conserve et améliore, la sécurité dont il jouit, le bonheur qu'il sait se créer. C'est à elle qu'il doit le bonheur, la sécurité et la fortune de ses parents. Il doit donc à sa patrie son bonheur et celui de sa famille ; c'est tout ce qu'il a de plus cher au monde.

RÉCOMPENSE DES SERVICES RENDUS A LA PATRIE

Pour la sauver du danger, quand l'ennemi la menace, tout bon Français doit offrir sans hésiter sa vie, et c'est la gloire la plus brillante pour un citoyen que de s'être sacrifié au service de son pays.

Les monuments les plus grandioses célèbrent la mémoire de ceux qui ont pu par leurs efforts contribuer efficacement au relèvement de leur pays ou à son développement.

LA PATRIE RÉSUME TOUT

La patrie nous est chère, en elle se concentre le faisceau de nos affections.

Quelle est la gloire la plus brillante pour un citoyen ?

Souvenirs de l'enfance, souvenirs de la famille, souvenirs du foyer, souvenirs des lieux de deuil, que le deuil même nous rend chers, souvenirs de nos plaisirs, souvenirs de nos douleurs, tout se réunit dans l'image de la patrie.

Aussi notre amour doit-il être grand pour elle, car elle résume tout.

Quand retentit l'hymne national et que le drapeau de la patrie flotte au vent, l'âme se serre d'émotion, l'on sent alors monter au cœur un vague désir de dévouement, l'on donnerait tout ce que l'on a de plus cher pour sauver la patrie en danger : l'on n'a pas de joie plus vive que celle que l'on ressent de sa gloire.

DES DROITS QUI CORRESPONDENT
A NOS DEVOIRS

L'accomplissement de tous ses devoirs donne à l'homme qui s'en acquitte le bonheur et la liberté.

Tout devoir suppose un droit réciproque ; mais ce n'est pas seulement le droit d'exiger à son égard l'accomplissement d'un devoir qu'il possède, il a en outre le droit aussi de jouir de son indépendance.

Cette indépendance a pour limite le libre exercice de cette même indépendance chez les autres ; c'est la liberté dont la loi consacre les limites.

La liberté prend différents caractères suivant l'aspect sous lequel on l'envisage.

Quels sont les souvenirs qui se réunissent dans l'image de la patrie ? — Que ressent notre âme quand le drapeau national est déployé ? — Quel est la limite de l'indépendance ?

DE LA LIBERTÉ INDIVIDUELLE

La liberté individuelle, c'est l'indépendance de chacun en particulier sauvegardée par les principes du droit d'accusation et du droit de défense, par le respect du domicile privé, par les garanties de l'administration judiciaire, civile, militaire et financière, par les prescriptions du droit civil, commercial, administratif et pénal.

DE LA LIBERTÉ DE CONSCIENCE

La liberté de conscience prend naissance dans le respect dû à toute conviction loyalement manifestée. La religion que nous pratiquons est souvent un patrimoine de famille, de patrie et de race. Aussi doit-on accorder un respect absolu aux idées religieuses que l'éducation et nos convictions nous ont données. D'autre part nous unissons à ces idées la destinée de notre âme, et il serait révoltant qu'une puissance quelconque pût arbitrairement disposer de cette propriété intime à laquelle sont liées de si grandes espérances et de si touchants souvenirs.

DE LA LIBERTÉ DU TRAVAIL

La liberté du travail est encore une des formes de la liberté individuelle. De même que personne ne doit pouvoir nous contraindre d'estimer une doctrine qui n'attache pas notre foi, de même personne ne peut nous contraindre de chercher notre vie dans une branche particulière de l'activité humaine. Notre croyance religieuse est la vie de notre âme ; notre métier, c'est la vie de notre corps, et nous sommes tous soumis à l'obligation du travail.

Qu'est-ce que la liberté individuelle ? — Où prend naissance la liberté de conscience ?

L'homme doit être libre de prendre la carrière qui convient à ses forces et à ses goûts, il doit aussi dans cette carrière avoir la liberté de demander de son travail le salaire qu'il pense mériter ; sa demande doit aussi pouvoir être librement acceptée ou refusée. Ainsi le patron comme l'ouvrier doivent-ils avoir une liberté absolue, tous deux doivent donc avoir la faculté absolue de travailler quand leurs compagnons ne travaillent pas. Un patron ne doit pas pouvoir contraindre un patron voisin à faire la même condition que lui ; un ouvrier ne peut pas, quand il a résolu de se mettre en grève, contraindre un autre ouvrier à l'imiter.

Tout travailleur, ouvrier ou patron, doit également avoir la liberté absolue d'apporter à la carrière qu'il a choisie toutes les améliorations dont elle est susceptible. Ce sont là les bases mêmes du progrès, et les règles de l'économie politique sont les sources de cette liberté : la loi pénale et l'intérêt social en sont la sauvegarde.

DE LA LIBERTÉ D'ASSOCIATION

La liberté d'association c'est le droit pour chacun de se rendre fort quand il est faible en s'adjoignant des compagnons, c'est le droit pour tous de s'unir pour provoquer une réforme nécessaire d'ordre public ; d'unir des forces éparses pour en tirer parti (sociétés financières, compagnies de chemin de fer, associations de production, de consommation, de crédit). C'est aussi le droit pour tous de réunir leurs forces, de lutter contre la misère et les dangers de la vie (sociétés de secours mutuels, caisses de retraite).

Quel est le caractère de l liberté du travail? — Qu'est-ce que la liberté d'association ?

Toutes ces libertés s'exercent sous le contrôle et la garantie de la loi.

SUPÉRIORITÉ DU DEVOIR SUR L'INTÉRÊT

Il arrive parfois que les règles que nous imposent nos devoirs se trouvent en contradiction avec notre intérêt.

Un homme pourrait se procurer un plaisir ou même pourvoir à tous ses besoins, lorsqu'une main se tend vers lui ; la charité lui enjoint alors de se priver, même du nécessaire s'il le faut, pour venir en aide à celui qui manque de tout.

Un mensonge pourrait le tirer d'un grand embarras, lui éviter la honte ou même la ruine : la morale lui impose la vérité comme un devoir.

Il pourrait par une injustice acquérir une fortune considérable, qui le mettrait pour toujours à l'abri du besoin, ferait des siens des heureux de malheureux qu'ils étaient : mais la morale lui impose la justice et il lui faut renoncer au bonheur entrevu, car il ne lui revenait pas.

Pourquoi ce conflit existe-t-il entre le devoir et l'intérêt ? C'est que la vie est comme le monde un mélange de plaisir et de douleur, de bien et de mal. Notre intérêt dépend des circonstances, le devoir ne varie jamais. Le devoir est le même pour tous, l'intérêt de chacun diffère de l'intérêt des autres ; l'intérêt de chacun même diffère suivant les temps.

Nous devons sacrifier notre intérêt à notre devoir. Ce que nous avons fait pour les autres, nous pouvons le

---

Nos devoirs se trouvent-ils parfois en contradiction avec notre intérêt ? — Devons-nous sacrifier notre intérêt à notre devoir ?

leur demander à notre tour ; et comme l'homme est un être éminemment social, c'est à la société que nous faisons un sacrifice. La charité que nous avons faite, nous pourrons l'obtenir dans le besoin; la vérité que nous avons dite, la justice que nous avons rendue nous seront accordées.

Mais la contradiction entre l'intérêt et le devoir n'est qu'apparente.

Si l'on considère les événements dans leur ensemble, notre intérêt est le plus souvent d'accord avec le devoir, et l'on trouve toujours un avantage final à obéir à la loi de la morale.

Le devoir est supérieur à l'intérêt à un tel point que quand ces deux mobiles s'unissent dans un même but, le caractère impératif, désintéressé et supérieur du devoir prime tout; il donne à l'action accomplie l'empreinte seule du devoir rempli.

Le devoir est-il supérieur à l'intérêt?

INSTRUCTION CIVIQUE

DES POUVOIRS QUI COMPOSENT L'ÉTAT

Il est une division tripartite que les États policés présentent et que l'on s'accorde à regarder comme indispensable à toute bonne administration.

Les trois pouvoirs entre lesquels se partage le gouvernement de l'État sont :

Le pouvoir législatif ;
Le pouvoir exécutif ;
Le pouvoir judiciaire.

Le pouvoir législatif est chargé de la confection des lois.

Le pouvoir exécutif est chargé de leur donner un caractère obligatoire et de les porter à la connaissance des citoyens.

Le pouvoir exécutif a pour attributs le gouvernement, l'administration et la justice.

Il y a dès lors dans le pouvoir exécutif trois autorités : 1° autorité gouvernementale ; 2° autorité administrative ; 3° autorité judiciaire.

Quels sont les pouvoirs dont se compose l'État ? — Quelle est la mission du pouvoir législatif ? — Quelle est la mission du pouvoir exécutif ?

L'autorité gouvernementale est chargée de la direction des affaires du pays, particulièrement des affaires politiques.

Cette autorité s'exerce dans les rapports des pouvoirs publics entre eux et dans les relations de l'État avec les nations étrangères.

L'autorité administrative est chargée de l'exécution des lois d'intérêt général dans leurs applications concernant les rapports de l'État avec les citoyens.

L'autorité judiciaire est chargée de statuer sur les contestations qui peuvent s'élever à l'occasion de l'application de la loi, en levant l'obstacle qui s'oppose à son exécution. — Aussi comme elle est chargée de connaître de l'exécution des lois régulièrement votées et promulguées, et de trancher les contestations s'élevant entre l'État et les citoyens ou bien entre les citoyens, on a été à bon droit porté à en faire un troisième pouvoir, d'autant plus que l'on a dû, pour garantir aux citoyens une bonne justice, assurer l'indépendance du pouvoir judiciaire.

DE LA CONSTITUTION FRANÇAISE

La constitution qui régit actuellement la France, lui a été donnée par les lois des **24 et 25 février et 16 juillet 1875.**

Le pouvoir législatif s'exerce par deux assemblées, la Chambre des députés et le Sénat.

Loi du 25 Février 1875. — ART. 1er. Le pouvoir législatif s'exerce par deux assemblées : la Chambre des députés et le Sénat. La Chambre des députés est nommée par le suffrage universel.

Quelle est la charge de l'autorité judiciaire ? — Quand fut votée la constitution actuelle ?

DES ÉLECTEURS

Sont électeurs tous les citoyens français âgés de vingt et un ans accomplis, jouissant de leurs droits civils et politiques.

Tout citoyen français, mâle, majeur de vingt et un ans, jouit de l'exercice de ses droits politiques.

Sont exceptés : les faillis non réhabilités, les interdits (fous, prodigues), les mineurs, ceux qui, par suite d'une condamnation, ont été privés de tous leurs droits politiques.

DES DROITS CIVILS ET DES DROITS

POLITIQUES

Les droits civils appartiennent à quiconque est Français, ne fût-il pas citoyen; c'est-à-dire à tout Français, majeur ou mineur, interdit ou non, du sexe masculin ou du sexe féminin.

Les droits politiques consistent dans la faculté de participer à l'exercice de la puissance publique, et se résument tous dans l'aptitude légale à élire ou être élu aux différentes fonctions de l'ordre législatif, judiciaire ou administratif.

Les droits civils sont ceux qui appartiennent aux particuliers dans leurs rapports avec d'autres particuliers. Ce sont les droits de propriété, de puissance paternelle, le droit d'acheter ou de vendre, le droit d'acquérir ou de transmettre par succession.

Qui est électeur? — A qui appartiennent les droits civils? — En quoi consistent les droits politiques? — Quels sont les droits civils ?

COMMENT SE FAIT LE VOTE

Il est procédé aux élections dans chaque commune. Dans une salle de la mairie, il est déposé une urne destinée à recevoir les votes. Une commission présidée par le maire de la commune surveille les élections.

Chaque électeur dépose dans l'urne du scrutin un bulletin de vote portant le nom du candidat qu'il a choisi.

Lorsque le scrutin est clos, le dépouillement a lieu. Pour cela, les bulletins déposés pliés dans l'urne sont ouverts et le nom du candidat qu'ils portent est proclamé.

Le vote est un des devoirs les plus importants du citoyen. Il a le devoir de s'éclairer d'abord, puis de prendre part à l'élection en émettant un vote libre, consciencieux, désintéressé et éclairé. Celui qui, par paresse ou indifférence, néglige de prendre part aux élections, est coupable envers lui-même et coupable envers la société. En vain il dira qu'un seul bulletin est peu important, qu'il est noyé dans la masse, ce sont des mauvaises raisons et les abstentions qu'elles abritent, se multipliant, il peut arriver qu'un candidat, qui ne représente pas les opinions de la majorité de son collège électoral, soit cependant élu.

LE SÉNAT

Les sénateurs sont élus par un mode de suffrage à deux degrés. Ils sont désignés par le vote d'électeurs nommés eux-mêmes par la réunion de tous les électeurs.

Nul ne peut être élu sénateur s'il n'est Français, âgé de quarante ans au moins, et s'il ne jouit pas de ses droits civils et politiques.

Comment vote-t-on ? — Le vote est-il une chose importante ? — Qui peut être élu sénateur ?

Le collège électoral chargé de la nomination des sénateurs est composé :

des Deputés;
des Conseillers généraux ;
des Conseillers d'arrondissement ;
et des Délégués élus par chaque conseil municipal et dont le nombre varie selon l'importance du conseil.

Ce délégué peut être pris dans le sein du conseil ou parmi les habitants de la commune; mais il ne doit être ni député, ni conseiller général, ni conseiller d'arrondissement.

Le collège se réunit au chef-lieu du département ou de la colonie.

Ils sont élus à la majorité absolue des suffrages exprimés (c'est-à-dire la moitié plus un des suffrages exprimés). Ce nombre doit être égal au moins au quart des électeurs inscrits. Cependant au troisième tour, en cas de ballotage, l'élection a lieu à la majorité relative. Il y a ballotage lorsque aucun des candidats ne recueille la majorité absolue des suffrages exprimés.

Le nombre des sénateurs est de 300 ; ils sont élus par les départements et les colonies.

LA CHAMBRE DES DÉPUTÉS

Les députés sont élus au suffrage direct, c'est-à-dire directement par tous les électeurs.

Tout électeur est éligible, sans condition de cens, à l'âge de vingt-cinq ans accomplis.

Par qui sont-ils élus ? — Quel est le nombre des sénateurs ? — Comment sont élus les députés? — Qui peut être élu?

Chaque arrondissement nomme un député. Les arrondissements dont la population dépasse cent mille habitants nomment un député de plus par cent mille ou fraction de cent mille habitants.

Les députés sont élus pour quatre ans. La Chambre se renouvelle intégralement.

Nul n'est élu au premier tour de scrutin s'il n'a réunit 1° la majorité absolue des suffrages exprimés ; 2° un nombre de suffrages égal au quart des électeurs inscrits. Au deuxième tour la majorité relative suffit. En cas d'égalité de suffrages, le plus âgé est élu.

CONFECTION DES LOIS

C'est aux chambres qu'appartient la confection des lois.

L'initiative des propositions appartient à chacun des membres des deux chambres et au pouvoir exécutif. La chambre dont fait partie le promoteur de la loi est appelée la première à voter sur la proposition, toutefois la loi de finance (budget) est toujours votée d'abord par la Chambre des députés. Lorsque la loi a été votée par la première chambre saisie, elle doit être votée par la seconde chambre. Elle n'est promulguée par le chef de l'État que si la deuxième chambre saisie adopte sans modification le texte voté par la première. En cas de modification, elle revient devant la première chambre saisie, qui vote de nouveau et ainsi de suite jusqu'à parfait accord entre la volonté des deux chambres.

Comment sont-ils élus ? — A qui appartient la confection des lois ?

La loi, c'est la règle imposée aux citoyens par l'autorité compétente. Les lois civiles et politiques de la France sont, à beaucoup d'égards, les plus intelligentes et les plus libérales que l'on connaisse. La loi, qui est l'expression de la volonté générale, se fait par le concours du pouvoir que la constitution proclame. Les lois qui règlent les rapports des nations entre elles constituent le droit des gens. Les lois politiques sont celles qui règlent les rapports des citoyens avec l'État. Les lois civiles règlent les droits et les devoirs, les intérêts et les rapports des citoyens entre eux. Les lois pénales ont pour objet la punition et la répression des désobéissances à la loi.

Ainsi, les sociétés se sont donné ou ont accepté des garanties qui protègent chacun des membres qui les composent, et ces garanties sont nommées lois.

Le principe de toutes les lois, c'est la loi naturelle. Par ce mot on s'accorde à entendre les règles de justice, de bienveillance et d'équité gravées dans la conscience humaine.

La loi faite au nom de tous oblige tous les citoyens. Nul n'est censé ignorer la loi, nul n'a le droit de l'enfreindre.

NOTRE LÉGISLATION

L'ensemble de lois dont se compose la législation française s'appelle les codes. Il faut y ajouter un certain nombre de lois qui n'ont pas été intercalées dans ceux-ci, et qui leur sont postérieures.

Qu'est-ce que la loi ? — Qu'est-ce que le droit des gens, les lois politiques, les lois civiles, les lois pénales ? — Quel est le principe de toutes les lois ? — Comment s'appelle l'ensemble de nos lois ?

LES CODES

Les codes sont au nombre de six à savoir :

Le code Civil,
Le code de Procédure civile,
Le code de Commerce,
Le code d'Instruction criminelle,
Le code Pénal.

Ils ont été votés pendant la durée du premier Empire, sous l'impulsion de Napoléon Ier, et rédigés par les éminents jurisconsultes dont les noms méritent de passer à la postérité : Tronchet, Bigot-Preameneu, Portalis, Maleville, Cambacérès, Treilhard, qui se sont inspirés pour ces œuvres immenses et superbes des idées et des écrits des deux plus éminents jurisconsultes français, Pothier et Dumoulin.

Enfin d'un sixième, le code Forestier, voté en 1827, mais auquel nous aurons peu l'occasion de nous reporter, à cause de la matière toute spéciale dont il traite.

Les codes, comme toutes nos lois, sont divisés en articles numérotés par premier et dernier, réunis en livres et en chapitres.

DU POUVOIR EXÉCUTIF

Le pouvoir exécutif se partage, comme les trois unités administratives qui divisent la France, en trois unités :

État,
Département,
Commune.

Combien y a-t-il de codes ? — Nommez-les. — Quand ont-ils été votés ? — Par qui ont-ils été rédigés ? — Comment ont-ils été divisés ? — Comment se divise le pouvoir exécutif ?

A l'État correspond l'administration centrale.

Au département correspond l'administration départementale ;

A la commune correspond l'administration communale.

ADMINISTRATION CENTRALE

Les autorités qui composent l'administration centrale sont :

> Le Président de la République,
> Les Ministres,
> Le Conseil d'État,
> La Cour des Comptes.

LE PRÉSIDENT DE LA RÉPUBLIQUE

Le Président de la République concentre entre ses mains le pouvoir exécutif.

Loi du 28 février 1875. — Le Président de la République est élu à la majorité absolue des suffrages par le Sénat et par la Chambre des députés réunis en Assemblée nationale. Il est nommé pour sept ans ; il est rééligible.

Le Président de la République a l'initiative des lois, concurremment avec les membres des deux Chambres ; il promulgue les lois lorsqu'elles ont été votées par les deux Chambres ; il en surveille et en assure l'exécution. Il a le droit de faire grâce ; les amnisties ne peuvent être accordées que par une loi. Il dispose de la force armée. Il nomme à tous les emplois civils et militaires. Il préside aux solennités nationales ; les envoyés et les ambassadeurs des puissances étrangères sont accrédités auprès de lui. Chacun des actes du Président de la République doit être contresigné par un ministre.

Comment se compose l'administration centrale ? — Quel est le rôle du Président de la République ?

DES MINISTRES

Les ministres sont les premiers auxiliaires du chef de l'État et sont à la tête des grandes divisions de l'administration publique,

Ils ont une double fonction.

D'une part ils contresignent les actes du Président et assument ainsi une part de responsabilité dans ses actes.

Ils ont ensuite et surtout un pouvoir propre et spécial aux ministères dont ils sont chargés.

Le nombre des ministères est actuellement de onze.

Ministère des Affaires étrangères,
    —   de la Justice,
    —   de l'Intérieur et des Cultes,
    —   des Finances,
    —   de la Guerre,
    —   de la Marine et des Colonies,
    —   de l'Instruction publique et des Beaux-Arts,
    —   des Travaux publics,
    —   de l'Agriculture,
    —   du Commerce,
    —   des Postes et Télégraphes.

Les ministres sont nommés et révoqués par le chef de l'État.

La direction générale des affaires de l'État est confiée à l'assemblée des ministres réunis en Conseil des ministres et présidée par le chef de l'État.

Quel est le rôle des ministres ? — Quels sont les divers ministères ? — A qui est confiée la direction générale des affaires de l'État ?

LE CONSEIL D'ÉTAT

Le Conseil d'État est une grande administration publique ayant un double rôle consultatif et contentieux.

Dans son rôle consultatif le Conseil d'État donne son avis sur les projets de lois qui lui sont soumis par le gouvernement ou renvoyés par les Chambres.

Dans son rôle contentieux, il juge les contestations entre les tribunaux administratifs, ou entre l'administration et les particuliers.

BUDGET

Pour subvenir aux charges de l'État, aux dépenses de de l'administration publique : armée, marine, entretien des routes, des canaux, instruction publique, etc., l'État possède un budget. Ce mot, d'origine anglaise, désigne le tableau des besoins et des ressources de l'État, d'un département ou d'une commune ou même d'un particulier.

Le budget des dépenses et des recettes de l'État est voté chaque année avant l'ouverture de chaque exercice.

Un exercice est la période qui s'écoule entre le 1er janvier et le 31 décembre de la même année.

Le projet de budget est soumis d'abord à la Chambre des députés, puis au Sénat, puis devient, après avoir été voté et approuvé par les deux Chambres, la loi de finance.

On commence à voter les dépenses, car les recettes ne sont légitimes que dans la mesure des dépenses à faire.

L'État crée ses ressources en établissant l'impôt.

Qu'est-ce que le Conseil d'État? — Que désigne le mot budget ? — Qu'est-ce qu'un exercice ? — Comment vote-t-on le budget ?

DE L'IMPOT

L'impôt est une obligation pécuniaire et patriotique à laquelle tous sont assujettis, pour subvenir aux dépenses de l'État.

Il se divise en contributions directes, telles que l'impôt foncier, l'impôt personnel et mobilier, l'impôt des portes et fenêtres, les patentes, et en contributions indirectes, telles que l'enregistrement, le timbre, les douanes, les octrois, les droits sur les tabacs, les boissons.

L'impôt est une dette véritable du citoyen envers l'État, il résulte d'une loi faite au nom de tous par les mandataires du pays. Les impôts sont la contribution graduée de chacun aux différentes charges de l'État, pour le service des intérêts de la dette publique, pour l'armée, la marine, l'entretien des routes, des ports, des canaux, des écoles, des hospices, des places fortes, de la justice, des prisons, etc.

Les personnes qui croient ne faire tort à personne en fraudant l'État et ne pas accomplir une action malhonnête commettent une erreur grave. **Elles font tort à leurs concitoyens et volent leur pays.** Les dépenses auxquelles l'impôt fait face nous procurent de si grandes facilités pour la vie, une telle sécurité pour nos personnes et nos biens, qu'elles nous rendent et bien au delà la part contributive que nous avons à en supporter.

Il y a d'autres impôts que ceux affectés aux dépenses de l'État ; ce sont les impôts départementaux, qui s'appliquent aux charges départementales, et les impôts communaux, au moyen desquels on subvient aux charges exclusivement municipales.

Qu'est-ce que l'impôt ? — Quel est le caractère de l'impôt ? — **Expliquer** pourquoi on vole en fraudant l'État ?

LA COUR DES COMPTES

La Cour des comptes est une cour de justice spéciale chargée de veiller à l'exécution de la loi de finance. Elle examine pour les recettes si les préposés (percepteurs ou receveurs des contributions indirectes, douaniers, etc.) ont fait rentrer la totalité des rôles ou des états de produits.

Elle vérifie pour les dépenses si elles ont été faites et acquittées valablement.

Les magistrats qui la composent font partie de l'ordre administratif. Ils sont inamovibles comme les magistrats de l'ordre judiciaire.

ORGANISATION DÉPARTEMENTALE

A la tête du département se trouve le préfet, chargé de l'administration active. Il correspond avec les ministres et est nommé et révoqué par le chef de l'État.

Il réside au chef-lieu du département.

Il est le représentant du pouvoir exécutif dans tout le département au point de vue de l'intérêt général du pays.

D'autre part il est chargé de l'instruction préalable des affaires du département, de l'exécution des décisions du Conseil général et de la Commission départementale ; c'est lui qui prend les mesures nécessaires au maintien de la salubrité, de la sûreté et de la tranquillité publiques, et qui fixe la date de l'ouverture de la chasse.

C'est aussi lui qui délivre les autorisations nécessaires aux usines et aux établissements insalubres ou dangereux.

Chaque département possède un Conseil général, dont les membres, élus par le suffrage universel sont choisis

---

parmi les habitants du département et les personnes inscrites au rôle des contributions et âgées de vingt-cinq ans au moins, sous réserves de certaines incapacités provenant de fonctions exercées dans le département.

Les conseillers généraux sont élus pour neuf années et renouvelés par tiers tous les trois ans.

Ils se réunissent deux fois par an en même temps dans toute la France, après Pâques et après le 15 août.

Ils répartissent entre les arrondissements du département l'impôt, qui incombe au département (voté à la Chambre pour chaque département). Ils votent les dépenses, et les impôts exceptionnels du département. Ils statuent sur la gestion générale des affaires du département.

Le Conseil de préfecture est un tribunal administratif jugeant les contestations qui s'élèvent dans le département à l'occasion des impôts directs, des travaux publics, de la grande voirie et des domaines nationaux.

L'appel des décisions de ce tribunal se fait au Conseil d'État.

ORGANISATION DE L'ARRONDISSEMENT

L'arrondissement n'est qu'une circonscription administrative.

A la tête se trouve le sous-préfet nommé et révoqué comme le préfet par le chef de l'État.

Il réside à la sous-préfecture.

Il sert d'intermédiaire entre les préfets et les maires, sauf quelques attributions personnelles, notamment en matière de grande voirie.

Quel est le rôle du Conseil général ? — Quel est le rôle du Conseil de préfecture ? — Quel est le rôle du sous-préfet ?

Il y a dans chaque arrondissement un Conseil d'arrondissement.

Ce Conseil est élu par le suffrage universel aux mêmes conditions que le Conseil général.

Il n'y a qu'une session par an, séparée en deux par un intervalle qui a lieu avant et après la session du Conseil général du mois d'août.

Il présente les observations qu'il juge à propos de faire sur la répartition de l'impôt, et il les soumet au Conseil général.

Ensuite il procède à la répartition de l'impôt entre les communes de l'arrondissement, l'impôt qui incombe au département ayant été partagé entre les arrondissements par le Conseil général à la session qui a lieu entre les deux parties de la session du Conseil d'arrondissement.

Ses membres sont élus pour six ans et renouvelés tous les trois ans par moitié.

ORGANISATION COMMUNALE

La commune et sa fortune sont administrées par le maire assisté d'un ou de plusieurs adjoints et par le Conseil municipal.

Le maire et les adjoints sont élus par le Conseil municipal, qui les choisit dans son sein.

Ils sont élus pour trois ans.

Les conseillers municipaux doivent être âgés de vingt-cinq ans, et jouir de leurs droits civils et politiques.

Quel est le rôle du Conseil d'arrondissement ? — Par qui sont élus les maires et adjoints ?

Le maire est remplacé en cas d'empêchement par les adjoints ou les conseillers municipaux suivant l'ordre du tableau dressé d'après le nombre des suffrages obtenus. Le maire et les adjoints peuvent être suspendus par le préfet qui doit faire confirmer cette suspension dans le délai de deux mois par le ministre de l'Intérieur à peine de nullité.

Ils ne sont révoqués que par le chef du pouvoir exécutif.

Les membres du Conseil municipal sont élus par les électeurs domiciliés dans la commune.

Le nombre des membres du Conseil varie suivant le chiffre de la population.

Le Conseil municipal est réuni quatre fois chaque année en séance ordinaire, pendant les mois de février, mai, août et novembre. Il peut être encore convoqué en séance extraordinaire dans des cas spéciaux.

La session du mois de mai est la plus importante. Elle comprend le règlement des comptes de l'exercice précédent et la fixation du budget du prochain exercice.

Les délibérations sont prises à la majorité absolue des membres composant le Conseil, qui ne peut délibérer que si la majorité des membres en exercice est présente.

Les séances sont présidées par le maire.

Les séances du Conseil sont publiques.

MAIRE

Le maire est officier de l'état civil; il est chargé de recevoir et conserver les actes de l'état civil.

Comme officier du pouvoir central, il est chargé de publier les lois et décrets dans sa commune, de

---

Quand le Conseil municipal se réunit-il? — Comment délibère-t-il? — Quel est le rôle du maire comme officier d'état civil?

dresser la liste des jeunes gens faisant partie du contingent militaire, de publier les rôles des impôts directs, rendus exécutoires par le préfet.

Il est encore chargé de prendre les mesures nécessaires à la sécurité publique, à la commodité et à la sûreté de la voie publique, à la salubrité en cas d'épidémie. Il représente la commune dans tous les actes relatifs à ses intérêts pécuniaires. Il est chargé de la conservation et de l'administration des propriétés de la commune, de la gestion des revenus, de la surveillance des établissements communaux, de la proposition du budget et de l'ordonnancement des dépenses ; de la direction des travaux, des baux, des adjudications de travaux, des ventes, échanges, partages, acceptations de legs et donations intéressant la commune.

Le domaine de la commune comprend :

1° Les biens du domaine public, qui sont les chemins vicinaux, les rues et les places, autres que celles qui sont dans le prolongement des routes nationales et qui s'y rattachent : ces biens sont imprescriptibles et inaliénables.

Ils sont inaliénables, c'est-à-dire qu'ils ne peuvent être vendus par la commune.

Ils sont imprescriptibles, c'est-à-dire qu'ils ne sont pas soumis à la prescription.

La prescription est un des modes d'acquérir la propriété. On acquiert par prescription lorsque l'on possède un immeuble, terrain ou maison, pendant trente années sans interruption, d'une manière apparente et qu'on a de justes motifs de se croire le véritable propriétaire ; par exemple, si la maison a

---

été acquise d'une personne que l'on croyait être le véritable propriétaire, ou recueillie dans la succession d'une personne qui passait pour être le véritable propriétaire. La loi punit le véritable propriétaire de sa trop longue négligence et constate un état de choses que le temps avait déjà consacré.

2° Les biens patrimoniaux, qui sont : l'hôtel de ville, la maison commune, les bâtiments affectés aux tribunaux de justice de paix et de simple police, écoles, casernes, théâtre, halles et marché, hospice, hôpitaux, presbytères, cimetières, abattoirs, etc.

3° Les biens communaux, prés ou bois, dont la jouissance et le revenu sont généralement partagés entre les habitants.

Ces biens patrimoniaux et communaux sont aux mains de la commune comme ils le pourraient être entre les mains de simples particuliers, prescriptibles et aliénables.

Le maire, pour la gestion des biens de la commune et la direction de ses intérêts, ne peut agir que conformément aux délibérations du Conseil municipal.

BUDGET DE LA COMMUNE

Le budget de la commune se compose : des dépenses obligatoires ou facultatives ; des recettes ordinaires et extraordinaires.

Les dépenses obligatoires sont celles qui se rapportent à la maison commune, aux chemins, rues et places, au traitement des gardes champêtres, des bois, etc. Ces dépenses ne peuvent être éludées par le Conseil municipal.

Le maire peut-il agir sans le Conseil municipal ? — Comment est composé le budget de la commune ?

Le préfet peut, en cas de refus de la part du Conseil de voter ces dépenses, les inscrire d'office.

Les recettes ordinaires proviennent du revenu des biens affermés, des octrois et de la part qui revient aux communes dans l'impôt foncier et dans l'impôt personnel et mobilier.

Les recettes extraordinaires proviennent de la vente de biens patrimoniaux, de dons et legs, des emprunts.

Le budget de la commune proposé par le maire et voté par le Conseil doit être approuvé par le préfet.

Les réclamations que la commune peut avoir à faire à des particuliers peuvent être portées devant la justice par le maire, ou, à son défaut, par un particulier, après autorisation du Conseil de préfecture.

Paris et Lyon, en raison de leur importance, ont une organisation communale particulière.

IMPOTS

Il y a deux sortes d'impôts :

Les impôts directs ;
Les impôts indirects.

Les impôts directs sont des impôts de répartition ou des impôts de quotité.

Pour les impôts de répartition le produit total est certain, et ce produit total divisé par la loi de finance entre les départements, l'est par les conseils généraux entre les arrondissements, et par les conseils d'arrondissement entre les communes, et par une commission de répartiteurs entre les particuliers. Le préfet rend cette dernière répartition exécutoire.

Par qui peut agir la commune dans les procès qu'elle a ? — Combien y a t-il de sortes d'impôts ?

Les impôts de quotité diffèrent des impôts de répartition en ce que la part de chacun est connue et que le produit total de l'impôt est inconnu.

Les impôts de répartition sont :

> L'impôt foncier;
>
> L'impôt personnel et mobilier;
>
> L'impôt des portes et fenêtres.

Les impôts de quotité sont ceux des patentes, des chevaux et voitures, etc.

Les impôts indirects sont tous de quotité, ils comprennent les octrois, les douanes, les droits d'enregistrement, de timbre, les droits sur la vente et la circulation des boissons.

Les dépenses auxquelles l'impôt fait face nous procurent de si grandes facilités pour la vie, une telle sécurité pour nos personnes et nos biens, que les avantages que nous en retirons dépassent de beaucoup la valeur de notre part contributive.

L'IMPOT FONCIER

L'impôt foncier est perçu sur le revenu de la propriété foncière estimée d'après le cadastre, ou état descriptif et estimatif de chaque parcelle de terre.

L'IMPOT PERSONNEL ET MOBILIER

L'impôt personnel et mobilier est mixte.

L'impôt personnel est de répartition. Il est dû par tout habitant d'une commune, non indigent, Français ou étran-

---

Comparer l'impôt de quotité à l'impôt de répartition ? — Quels sont les impôts de répartition? — Comment est perçu l'impôt foncier?

ger. Il est fixé à la valeur de trois journées de travail. Celle-ci est établie par le Conseil général et varie de 50 centimes à 1 franc 50 centimes.

Le produit total de l'impôt personnel est déduit du montant de l'impôt personnel et mobilier.

Le surplus forme la part de l'impôt mobilier, ce dernier est alors impôt de quotité. Cette part est déterminée par la valeur du loyer de l'habitation personnelle.

L'IMPOT DES PORTES ET FENÊTRES

L'impôt des portes et fenêtres frappe, comme l'impôt mobilier, la fortune mobilière. Il est établi sur les ouvertures, portes et fenêtres, donnant sur les rues, jardins et cours des maisons et bâtiments.

Il est proportionné à la population de la commune et au nombre des ouvertures.

L'IMPOT DES PATENTES

L'impôt des patentes est établi sur toutes les professions en général, suivant leur importance et le développement de la population du lieu où elles sont exercées.

PERCEPTION DE L'IMPOT

Les impôts directs sont recouvrés par les percepteurs, qui les remettent aux mains des receveurs particuliers pour être transmis entre celles des receveurs généraux, qui les déposent dans la caisse du Trésor.

Dans l'impôt personnel et mobilier comment se fixe l'impôt personnel ? — Comment se détermine la part de l'impôt mobilier ?— Comment est établi l'impôt des portes et fenêtres ? — Comment est établi l'impôt des patentes ? — Par qui sont recouvrés les impôts directs ?

Les impôts indirects sont perçus : les divers octrois par les receveurs des octrois, les droits de douane par les douaniers et receveurs des douanes, les impôts indirects proprement dits par les receveurs des contributions indirectes.

VOIRIE

Les communications sont assurées en France par les lois sur la voirie.

Il y a la grande voirie et la petite voirie.

La grande voirie comprend les routes nationales et les rues qui leur font suite, les routes départementales et les rues qui leur font suite, les chemins de fer, sans exception, et les rues de Paris.

Code civil. Les chemins, routes et rues à la charge de l'État, les fleuves et rivières navigables ou flottables, les rivages, lais et relais de la mer, les ports, les havres, les rades, et généralement toutes les portions du territoire français qui ne sont pas susceptibles d'une propriété privée, sont considérés comme des dépendances du domaine public.

Les routes nationales font partie du domaine public de l'État et sont à sa charge.

Les routes départementales font partie du domaine public du département et sont à sa charge.

Les chemins de fer sont construits par l'État ou par des compagnies concessionnaires, mais la voie appartient toujours au domaine public de l'État.

Par qui sont perçus les impôts indirects ? — Que comprend la grande voirie ?

Les servitudes auxquelles sont assujettis les propriétaires riverains des routes de grande voirie sont de supporter le rejet des terres de curage, les eaux des routes et l'obligation de planter des arbres le long des routes.

Les mêmes servitudes, sauf pour les plantations, existent pour les propriétaires riverains des chemins de fer.

De plus, ils ne peuvent établir de constructions couvertes en chaume ou faire des dépôts de matières inflammables à moins de 20 mètres de la ligne et des dépôts de récoltes à moins de 5 mètres.

Les conseils de préfecture sont compétents à l'occasion des difficultés ou des contraventions de grande voirie.

La petite voirie comprend les voies de communication intérieure des villes (sauf Paris), des bourgs et villages, les chemins vicinaux et ruraux.

Leur entretien est à la charge des communes, et l'autorité communale prend des dispositions relatives à l'ordre, la sécurité, la police et la propreté de ces voies.

Les ressources nécessaires à l'entretien des routes sont fournies par des centimes additionnels, que votent les communes, et par des prestations en nature, dont le maximum est fixé à trois journées de travail, dues par tout habitant chef de famille ou d'établissement à titre de propriétaire, de régisseur, de fermier ou de colon, porté au rôle des contributions directes : 1° pour sa personne ; 2° pour chaque individu mâle et valide, âgé de 18 ans au moins et de 60 ans au plus, membre ou serviteur de la famille et résidant dans la commune ; 3° pour chacune des charrettes ou voitures attelées et, en outre, pour chacune des bêtes de somme, de trait, de selle, au service de la famille ou de l'établissement dans la commune.

Ces prestations peuvent être acquittées en nature ou en argent au gré du contribuable.

Enfin le Conseil général et l'État peuvent accorder des subventions. De plus, le Conseil de préfecture peut demander à certains industriels se servant spécialement d'un chemin, de le réparer.

En matière d'alignement, les contestations sont de la compétence du Conseil de préfecture et même du Conseil d'État.

Les alignements sont donnés en matière de grande voirie par le préfet, en matière de petite voirie par le maire.

Les indemnités d'expropriation sont fixées par un jury spécial, dit d'expropriation, pour la grande voirie et par le juge de paix pour la petite voirie.

Le jury d'expropriation est nommé sur une liste dressée pour chaque arrondissement par le Conseil général.

La grande voirie comprend encore les rivages de la mer, ports et rades, qui font partie du domaine public maritime, et les rivières navigables et flottables, qui font partie du domaine public fluvial.

Les propriétaires riverains des cours d'eau et rivières navigables et flottables sont grevés d'une servitude de passage le long de ces cours d'eau, de plus, l'installation des usines y est soumise à l'autorisation du chef du pouvoir exécutif, enfin la pêche y est soumise à une réglementation édictée par la loi.

Par qui sont donnés les alignements en matière de grande voirie et de petite voirie?

ORGANISATION JUDICIAIRE

Le ministre de la Justice est à la tête de l'ordre judiciaire, dont il a l'administration. La justice est rendue par des tribunaux de différents degrés. Ce sont :

Les tribunaux ou justices de paix, placés au chef-lieu de canton.

Les tribunaux de première instance, qui connaissent des affaires civiles et correctionnelles et parfois des affaires commerciales et siègent au chef-lieu de l'arrondissement.

Les cours d'appel, au nombre de 26 pour la France et les colonies, et dont le ressort embrasse plusieurs départements.

Il y a aussi les tribunaux de commerce, qui connaissent des affaires entre commerçants, et les conseils de prud'hommes, qui connaissent des contestations nées entre patrons et ouvriers.

Au sommet de la hiérarchie se trouve la Cour de cassation, seule pour toute la France et qui siège à Paris. Cette cour prononce sur toutes les demandes en cassation formées contre les jugements rendus en dernier ressort. Toutefois il ne peut y avoir recours en cassation contre les jugements rendus par le juge de paix que pour violation de la loi, incompétence ou excès de pouvoir du juge.

Pour les autres juridictions, il peut en outre y avoir recours en cassation toutes les fois que les plaideurs estiment que le tribunal ou la cour d'appel n'a pas fait une juste application de la loi.

Qui est à la tête de l'ordre judiciaire ? — Quels sont les différents tribunaux ? — Quel est le tribunal au sommet de la hiérarchie ?

Il y a de la part du juge incompétence lorsqu'il rend un jugement sur une affaire que la loi attribuait à un autre tribunal à cause de la nature de cette affaire, de son importance ou de l'endroit dans lequel elle se passait.

La compétence du juge est donc la capacité qu'il a de juger l'affaire qui lui est soumise

Ainsi le juge de paix est compétent pour juger les affaires dont l'importance ne dépasse pas 1500 francs de principal, lorsqu'il s'agit de contestations entre hôtelier et voyageur pour dépenses d'hôtellerie et perte ou avarie d'objets déposés; entre voyageurs et voituriers ou bateliers pour frais de route, ou perte ou avarie d'effets accompagnant le voyageur, etc. ; sans appel jusqu'à 100 francs; avec appel, à quelque valeur que ce soit au delà ; pour les demandes en payement de loyer, de résiliation de baux, congés, etc.

Il est incompétent lorsque le loyer réclamé devant lui est dû pour une maison sise dans un canton ou, pour Paris dans un arrondissement autre que celui dans lequel il siège ; ou si on lui demande de se prononcer sur une affaire dont l'intérêt est de plus de 1500 francs en matière de réclamation d'effets par un voyageur à un hôtelier ; ou s'il s'agissait d'une succession ou d'un testament ; ou d'une affaire entre commerçants.

Les tribunaux civils sont incompétents pour juger des réclamations faites à un individu qui n'est pas domicilié dans l'arrondissement où siège le tribunal ; ou celles qui s'élèvent à l'occasion d'immeubles situés hors du ressort ; ou d'une succession qui s'est ouverte dans un autre arrondissement ; ou s'il s'agit de l'appel d'un jugement rendu par un autre tribunal civil.

Quand un juge est-il incompétent ? — Qu'est-ce que la compétence du juge ?

La cour d'appel est incompétente lorsque le jugement qui lui est soumis, est rendu par un tribunal jugeant en dernier ressort, ou par un tribunal situé hors de son ressort.

Les tribunaux de commerce sont incompétents lorsque les contestations qui leur sont soumises ne sont pas nées entre commerçants, mais entre simples particuliers, sauf dans le cas de réclamation de payement de lettres de change.

La Cour de cassation, les cours d'appel, les tribunaux de première instance, les tribunaux de commerce, les conseils de prud'hommes et les tribunaux de paix, sont composés de magistrats en nombre déterminé par la loi.

Les membres de la Cour de cassation, des cours d'appel, de tribunaux civils, et les juges de paix sont recrutés par l'État Tous, sauf les juges de paix, sont inamovibles.

Grâce à l'inamovibilité, les magistrats ne peuvent être déplacés, sans leur consentement ; ni révoqués ou cassés de leurs fonctions que dans les cas expressément prévus par la loi.

En échange de la puissance que confère ce privilège, l'État exige des magistrats certaines capacités.

L'inamovibilité est la sauvegarde de l'indépendance du magistrat et de son intégrité.

Les membres des tribunaux de commerce et ceux des conseils de prud'hommes sont élus pour un temps déterminé, et sont par ce fait inamovibles pendant la durée de leurs fonctions.

Il y a de plus un ordre judiciaire administratif, qui vient se placer parallèlement à côté de l'ordre judiciaire et qui est composé des conseils de préfecture, qui siègent au chef-

---

Quel avantage l'inamovibilité confère-t-elle aux magistrats ? — Quel est le but de l'inamovibilité ?

lieu du département, de la Cour des comptes et du Conseil d'État, qui siègent à Paris.

Ces degrés de juridiction, d'une nature toute exceptionnelle, connaissent de certaines contestations entre l'État et les particuliers, à l'occasion des impôts, par exemple, ou encore à l'occasion de certains débats entre les particuliers et l'État, ou entre différents services administratifs. La Cour des comptes examine surtout les comptes des fonctionnaires chargés du maniement des deniers de l'État. Le Conseil d'État a presque toujours le rôle de la Cour de cassation pour la juridiction ordinaire.

Il y a enfin un tribunal des conflits, chargé de trancher les difficultés qui naissent entre les tribunaux civils et administratifs que crée ce dualisme de juridiction.

Les membres des tribunaux administratifs ne jouissent pas de la garantie de l'inamovibilité, sauf les magistrats composant la Cour des comptes.

DE LA COUR D'ASSISES

Il y a enfin des cas où la justice est rendue d'une manière particulière par les citoyens eux-mêmes, sans qu'on exige d'eux les capacités spéciales qu'on exige pour les juges. Les tribunaux composés par eux se nomment jurys.

Il n'y a que deux sortes de jurys. Le jury criminel et le jury d'expropriation.

Ce dernier, le moins important, et qui n'a pas un fonctionnement régulier, fixe les indemnités à accorder aux individus expropriés par l'État ou par les communes.

Le jury criminel a au contraire une grande importance et un fonctionnement régulier. Cette institution fut introduite en France par l'Assemblée constituante en 1791, pour les affaires criminelles seulement ; elle fut développée par le code de 1808 et par la charte de 1814. Depuis cette époque diverses lois ont apporté des modifications dans le mode de confection de la liste. La dernière sur cette institution si merveilleusement appropriée aux régimes des États modernes, date du 21 novembre 1872.

Le jury, en effet, doit son origine à deux idées :

La première est qu'en matière de crimes, les magistrats qui jugent chaque jour des malfaiteurs finissent par s'endurcir et par punir de parti pris.

La seconde est que certains crimes sont jugés par le public d'une manière très différente de celle des magistrats et qu'il est juste de tenir compte des habitudes et des mœurs, ce qui ne peut être fait que par des hommes étrangers à la pratique des lois et jugeant selon l'équité.

Enfin le jury est aussi appelé à juger les crimes politiques, et son utilité se justifie par la considération que là aussi l'opinion publique est le meilleur juge, car les vainqueurs du jour sont souvent les vaincus du lendemain.

La juridiction qui constitue le jury est la cour d'assises. Elle est composée de jurés, qui sont juges du fait, et de magistrats, juges du droit. Les jurés examinent la culpabilité de l'accusé, leur réponse est un verdict.

Lorsque le verdict est négatif de la culpabilité, les juges doivent prononcer l'acquittement. Lorsqu'il est affirmatif, ils appliquent la peine correspondant à cette culpabilité. La culpabilité peut ne pas

____

Quand fut institué le jury criminel ? — Comment se justifie cette institution ? Comment est composée la cour d'assises ? — Comment s'appelle l'opinion des jurés ? — Quels sont les effets du verdict ?

être entière ; elle est parfois diminuée par les circonstances atténuantes et la peine est alors moins forte.

Les jurés sont choisis parmi les citoyens français sachant lire et écrire, âgés de trente ans, jouissant de leurs droits civils, politiques et de famille et n'ayant jamais été condamnés pour crime, délit ou escroquerie à une peine infamante.

Ils sont choisis sur une liste formée par une première commission composée du juge de paix, de ses suppléants et des maires du canton.

Cette liste comprend de 400 à 600 noms pour chaque département.

Cette liste est ensuite réduite de moitié par une commission départementale composée du président du tribunal, des juges de paix et des conseillers généraux.

Sur cette liste définitive, le président tire au début de la session un nombre de 36 jurés titulaires et de 4 suppléants.

Au début de l'audience, le président tire au sort les jurés : ceux-ci peuvent être récusés par l'accusé et son défenseur, ou par le ministère public, jusqu'à concurrence de douze chacun ; les douze derniers sont désignés d'office.

La cour d'assises siège au chef-lieu du département.

Code d'instruction criminelle. — La tenue des assises aura lieu tous les trois mois. — Elles pourront se tenir plus souvent, si le besoin l'exige.

A Paris elle siège presque continuellement, à cause du grand nombre des affaires.

Qui sont les jurés ? — Où siège la cour d'assises ?

DROIT D'ACCUSATION

L'Assemblée nationale de 1789 énonce ainsi les droits et les devoirs du citoyen vis-à-vis de la loi dans la *Déclaration des droits de l'homme* :

« Nul homme ne peut être accusé, arrêté ni détenu que
« dans les cas déterminés par la loi, et selon les formes
« qu'elle a prescrites. Ceux qui sollicitent, expédient, exé-
« cutent ou font exécuter des ordres arbitraires, doivent
« être punis ; mais tout citoyen appelé ou saisi en vertu de
« la loi doit obéir à l'instant ; il se rend coupable par la
« résistance. »

Le droit d'accusation implique nécessairement le droit de défense, qui est son complément. L'accusé doit recevoir connaissance de l'accusation dont il est l'objet. La cour d'assises fait comparaître les accusateurs et donne communication des pièces de conviction.

L'accusé est entendu dans sa défense exposée par lui-même ou par son avocat.

Voilà les garanties judiciaires qu'on trouve dans les tribunaux civils, militaires, commerciaux, dans les conseils des avocats, dans les chambres des notaires et des avoués, partout où l'arbitraire et les passions ne se mettent pas à la place de la justice, partout où l'autorité tient à rendre d'équitables arrêts, qui ne produisent ni indignation, ni mépris, ni haine, partout où l'on veut punir un coupable et non immoler un innocent, partout où la faveur ne l'emporte pas sur le droit, partout enfin où l'on ne veut que la justice dans toute son intégrité.

Quel est le complément du droit d'accusation ? — Comment l'accusé est-il défendu ?

LE MINISTÈRE PUBLIC

A l'audience de la cour d'assises le ministère public, représenté par un avocat général ou un procureur général, soutient l'accusation et s'appuie des preuves et des témoignages recueillis par le juge d'instruction.

Le ministère public est composé du procureur de la République et de ses substituts, des procureurs généraux et avocats généraux. Ces magistrats appartiennent à la magistrature dite debout, par comparaison avec la magistrature ordinaire, dite assise et cela à cause de la tenue ' l'audience. Ces magistrats doivent donner leur avis debout. Ils sont chargés de représenter l'État et la société devant la justice.

AVOCATS

Pour assurer aux citoyens la garantie d'une bonne justice, les magistrats sont inamovibles et recrutés parmi les personnes présentant des conditions de savoir et de caractère.

Pour assurer le respect de la société et le soin de sa défense, le législateur français a institué le ministère public.

Pour garantir à l'accusé devant les tribunaux correctionnels et la cour d'assises la liberté de sa défense, pour assurer aux plaideurs la discussion approfondie de leurs intérêts et de leurs droits, pour mettre toute personne qui comparaît devant la justice à l'abri des dangers que lui ferait courir son ignorance de la législation française, on a institué l'ordre des avocats.

Quel est le rôle du ministère public à l'audience ? — Quels sont les magistrats qui le composent ? — Quelle est leur mission ?

Ils ont seuls le privilège de donner des conseils aux parties et de faire près des tribunaux soit des plaidoiries, soit des mémoires ; toutefois leur ministère n'est pas obligatoire.

L'ensemble des avocats forme l'ordre des avocats, mais ce ne sont pas des officiers ministériels, la profession est libre, il suffit d'être licencié en droit, d'avoir accompli certaines formalités, entre autres la prestation de serment.

DES OFFICIERS MINISTÉRIELS

L'organisation judiciaire comprend en outre les officiers ministériels.

Ils sont nommés par le chef de l'État sur la présentation de leur prédécesseur.

Certains officiers ministériels sont appelés auxiliaires de la justice : ce sont les greffiers, les avocats au Conseil d'État et à la Cour de cassation, les avoués, les huissiers.

Les autres ont des fonctions extra-judiciaires. Ce sont les notaires, les agents de change et les commissaires-priseurs.

Les greffiers sont chargés de la rédaction et de la garde des minutes des actes judiciaires, ju-gements, arrêts, ordonnances.

Les minutes sont les originaux de ces actes.

Les avocats au Conseil d'État et à la Cour de cassation sont à la fois avocats et avoués. Ils ont le droit exclusif de faire la procédure, de rédiger des mé-moires et de plaider devant le Conseil d'État et la Cour de cassation.

Quel est le privilège des avocats ? — Quels sont les différents officiers minis-tériels ? — Quelle est la mission des greffiers ? — Quelles fonctions ont les avocats au Conseil d'État

Les avoués ont la prérogative de représenter les parties en justice devant les tribunaux civils d'arrondissement, à la cour d'appel, suivant qu'ils ont le titre d'avoués près le tribunal civil ou à la cour.

Ils ne peuvent pas plaider devant ces tribunaux.

Le ministère de ces officiers ministériels est obligatoire.

Le ministère des huissiers est aussi obligatoire. Ils ont seuls qualité pour citer les parties en justice, signifier les actes de procédure et exécuter les jugements au moyen de saisies.

Les notaires sont les fonctionnaires publics établis pour recevoir tous les actes et contrats auxquels les parties doivent ou veulent donner le caractère de l'authenticité attachée aux actes de l'autorité publique et pour en assurer la date, en conserver le dépôt, en délivrer des grosses ou des expéditions.

Le ministère des notaires est obligatoire pour les donations, contrats de mariage, certaines formes de testament.

Les actes qu'ils rédigent ont la valeur d'actes authentiques, c'est-à-dire que la date et le contenu de l'acte sont regardés comme certains et conformes à la vérité. Ce caractère est commun à tous les actes rédigés par les officiers ministériels. Les actes rédigés par les notaires ont avec les jugements seuls le caractère exécutoire.

DES AGENTS DE CHANGE ET DES COURTIERS

Code de commerce. — La loi reconnaît pour les actes de commerce, des agents intermédiaires, savoir : les agents de change et les courtiers. Il y en a dans toutes les villes qui ont une bourse de commerce. Ils sont nommés par le chef de l'État.

Les agents de change ont seuls le droit de négocier les effets publics ou les valeurs susceptibles d'être cotées à la Bourse (ce sont les actions et obligations de l'État ou des villes, des compagnies et des sociétés industrielles ou commerciales) ; de négocier les lettres de change et les billets de commerce et de constater le cours des effets publics ou autres susceptibles d'être cotés, ainsi que du change.

Les courtiers sont des fonctionnaires publics dont la mission est de rapprocher des gens qui désirent conclure une affaire.

Les principaux sont les courtiers pour les assurances maritimes, les courtiers maritimes pour le fret ou chargement des navires.

COMMISSAIRES-PRISEURS

Les commissaires-priseurs ont le droit exclusif de faire dans les villes où ils sont établis, les ventes publiques de meubles ou de marchandises.

Il y en a quatre-vingts à Paris, il peut en être établi dans tous les chefs-lieux d'arrondissement où siège le tribunal et dans les villes de plus de cinq mille âmes.

AGRÉÉS PRÈS LE TRIBUNAL DE COMMERCE

Il y a auprès des tribunaux de commerce des personnes honorées de la confiance du tribunal, ce sont les agréés près le tribunal.

Leur ministère est facultatif et ils n'ont pas le titre d'officiers ministériels.

Quelle est la mission des agents de change? — Quel est le rôle des courtiers? — Quelles sont les attributions des commissaires-priseurs ? — Quelle est la nature du ministère des agréés ?

DES PEINES

La loi morale a sa sanction dans le remords.

La loi humaine a des sanctions qui viennent s'ajouter aux remords des coupables ; s'il en est qui échappent aux peines auxquelles la société les avait condamnés, aucun d'entre eux n'échappe à sa conscience. Celle-ci les suit partout, aussi est-il certain qu'on est toujours puni d'avoir mal fait.

Si le proverbe : le vice est triomphant et la vertu succombe, semble vrai parfois, il ne l'est que pour l'observateur superficiel ; le moraliste sait que le coupable dont le bonheur fait envie, paye d'audace ; sa morgue insolente est feinte ; il a peur de lui-même et redoute d'être seul avec sa conscience.

Mais le remords punit l'homme suivant son éducation morale ; un tel châtiment laisse au méchant la liberté de ses actes, et il peut s'en servir pour nuire encore.

De plus dans toute société policée il est de principe que personne n'a le droit de se faire justice à soi-même. Les garanties dont le législateur a entouré l'institution judiciaire justifient cette règle, et chacun doit avoir non seulement du respect, mais aussi une entière confiance dans l'ordre judiciaire de notre pays.

Il faut aussi reconnaître que ce principe est fort juste, si l'on pense à la vivacité avec laquelle les personnes lésées puniraient toute offense, combien peu le châtiment serait proportionné par elles à la faute sous l'influence de la colère, et surtout de quelle impunité jouiraient les forts et les puissants.

Quelle est la sanction de la loi morale ? — Comparer la sanction de celle-ci avec celle de la loi humaine ? — Développez le principe : Nul ne peut se faire justice à lui-même ?

Aussi le législateur, désireux autant de punir les coupables que de protéger la société, a-t-il institué des peines proportionnées aux délits et aux crimes qui pouvaient être commis contre l'État ou les particuliers.

Le législateur, dans le Code pénal, a établi trois catégories de fautes, qui sont les **crimes**, les **délits**, les **contraventions**.

Les crimes sont punis par les peines criminelles, les délits par les peines correctionnelles, les contraventions par celles de simple police.

Toutes ces peines sont applicables dans les cas prévus spécialement par la loi ; car en matière de peines, il est de de règle absolue que les prescriptions de la loi ne peuvent s'étendre par analogie. Toutes, sauf la peine de mort, sont applicables dans les limites d'un minimum et d'un maximum ; le juge peut, suivant la gravité de la faute, se rapprocher plus ou moins du maximum.

DES PEINES CRIMINELLES

Les individus accusés de crimes sont jugés par la cour d'assises. Les coupables sont punis de peines criminelles, qui sont de deux catégories.

Les unes sont afflictives et infamantes, et punissent l'homme dans sa liberté et dans son honorabilité.

Les autres sont infamantes seulement et ne l'atteignent que dans son honorabilité. Les peines criminelles afflictives et infamantes sont :

1° La peine de mort, qui n'est pas appliquée aux crimes politiques, à cause des variations de l'opinion publique, qui

---

Les peines sont-elles arbitrairement fixées ? — Quelles sont les trois catégories de fautes du Code pénal ? — Par quoi sont punies les trois catégories de fautes ? — Par qui sont jugés les individus accusés de crimes ? — Quelles sont les peines criminelles afflictives et infamantes ?

peut faire du criminel de la veille un bon citoyen le lendemain. Cette peine se subit sur l'échafaud et est réservée pour la punition de ceux qui sont coupables d'assassinat, de parricide, d'empoisonnement, d'avoir livré les secrets de l'État aux puissances étrangères, ou d'avoir entretenu des intelligences avec elles pour les exciter à la guerre contre la France.

2° **Les travaux forcés à perpétuité et à temps**, qui se subissent dans les colonies françaises autres que l'Algérie. Les condamnés sont employés à des travaux pénibles de colonisation ou d'utilité publique. C'est la peine réservée à ceux qui sont coupables d'avoir fait de la fausse monnaie, d'avoir blessé avec l'intention de tuer, ceux qui ont volé à main armée, ou avec escalade et effraction la nuit, et ceux qui, condamnés à mort, ont obtenu du jury les circonstances atténuantes.

3° **La déportation**, peine politique, qui se subit dans les colonies françaises, à l'île de Waïthau (îles Marquises), où les condamnés (déportés) doivent rester à perpétuité. Elle est la punition de ceux qui ont tenté d'entraîner le pays dans une guerre civile ou étrangère.

4° **La détention**, peine politique, qui se subit à la citadelle de Belle-Ile-en-Mer (Morbihan), est destinée à punir ceux qui, par des actes hostiles non approuvés du gouvernement, l'exposent à une guerre avec les puissances étrangères.

5° **La reclusion**, qui se subit dans les maisons de force (Mazas, la Roquette, Melun, Poissy, etc.), est destinée à punir ceux qui ont vendu des boissons falsifiées ou commis involontairement un homicide.

Les détenus sont astreints au travail dans ces maisons, seuls les condamnés politiques en sont exceptés.

Les peines criminelles infamantes sont le bannissement, qui est l'expulsion du territoire français pendant un temps déterminé, et la dégradation civique, qui entraîne la destitution et l'exclusion du condamné de toutes fonctions ou offices publics, la privation du droit d'éligibilité, de voter, l'incapacité d'être juré, tuteur, etc.

Cette peine punit ceux qui ont falsifié des bulletins de voie ou dénaturé le résultat du scrutin. Elle s'ajoute de droit aux peines des travaux forcés, de la reclusion, de la détention et du bannissement.

DES DÉLITS ET PEINES CORRECTIONNELLES

Les individus accusés de délits sont jugés par les tribunaux correctionnels qui siègent à côté du tribunal d'arrondissement.

Code pénal. Les peines en matière correctionnelle sont : — 1° l'emprisonnement à temps dans un lieu de correction ; — 2° l'interdiction à temps de certains droits civiques, civils ou de famille ; — 3° l'amende.

Quiconque aura été condamné à la peine d'emprisonnement sera renfermé dans une maison de correction : il y sera employé à l'un des travaux établis dans cette maison, selon son choix. — La durée de cette peine sera au moins de six jours, et de cinq années au plus, sauf les cas de récidive.

La loi soumet à l'emprisonnement individuel pendant le jour et la nuit les condamnés à un emprisonnement d'un an et un jour. Ils subissent leur peine dans les maisons de correction départementales. Dans le cas d'emprisonnement individuel, la peine est de plein droit réduite d'un quart : la réduction ne s'opère pas sur les peines de moins de trois mois.

Quelles sont les peines infamantes? — Quelles sont les peines en matière correctionnelle?

La peine, pour être bonne, doit être répressive, préventive et surtout moralisante. Il est très difficile de rencontrer ces trois conditions dans la prison en commun, où les détenus se corrompent mutuellement.

Le système cellullaire, qui fait la base du système actuel, est efficace pour les peines de longue durée, car le prisonnier, livré à lui-même, est en proie au remords : de plus il ne peut avoir l'éducation démoralisante de ses compagnons de détention. Cette peine est préventive, car elle est redoutée des prisonniers qui l'ont subie, et de plus moralisante, puisque le prisonnier évite le contact des autres malfaiteurs qui sont pour lui une école du vice. Enfin le prisonnier y prend l'habitude du travail, qui est sa seule ressource contre la solitude.

Sont punis de la peine de l'emprisonnement ou de l'amende, parfois des deux, les individus coupables de coups, blessures et violences ayant entraîné une incapacité de travail, de recèlement des prisonniers évadés, de faux témoignages en justice, de dénonciations calomnieuses faites par écrit, de vols, de menaces et voies de fait tendant à obtenir une hausse ou une baisse des salaires, d'atteintes au libre exercice de l'industrie ou du travail.

Il y a dans chaque département une maison de correction.

CONTRAVENTION

Les individus accusés de contravention sont jugés par les tribunaux de simple police ; c'est-à-dire par le juge de paix qui siège au canton.

Expliquez les avantages du système cellulaire ?

Code pénal. — Les peines de police sont : — l'emprisonnement, — l'amende, — et la confiscation de certains objets saisis.

L'emprisonnement, pour contravention de police, ne pourra être moindre d'un jour, ni excéder cinq jours. Les jours d'emprisonnement sont des jours complets de 24 heures.

Les amendes pour contravention pourront être prononcées depuis un franc jusqu'à quinze francs inclusivement et seront appliquées au profit de la commune où la contravention aura été commise.

Sont punies de l'emprisonnement les personnes contre qui, dans les douze mois précédents, il a été rendu un premier jugement pour contravention de police commise dans le ressort du même tribunal. Il y a dans ce cas récidive.

Sont punies de l'amende les personnes qui ont négligé d'entretenir, réparer et nettoyer leurs fours et leurs cheminées, celles qui ont omis de nettoyer les rues dans les endroits où le balayage est à la charge des habitants, celles qui encombrent la voie publique de matériaux ou de choses quelconques, celles qui ont cueilli ou mangé des fruits appartenant à autrui, celles qui ont tiré des feux d'artifice sans autorisation, — les pièces d'artifice seront confisquées.

Sont punies de l'amende les personnes qui usent de poids ou de mesures différents de ceux qui sont établis par les lois en vigueur.

Tandis que pour les crimes et délits il faut l'intention de nuire pour être déclaré coupable, en cas de contravention, l'ignorance ou l'absence de volonté laisse subsister l'acte coupable.

Quelles sont les peines de police ? — En cas de contravention l'ignorance excuse-t-elle ?

CIRCONSTANCES ATTÉNUANTES

La peine, qui est augmentée en cas de récidive, est diminuée d'un degré en cas de circonstances atténuantes. La déclaration de circonstances atténuantes est, pour les crimes, laissée à l'appréciation du jury, qui recherche en équité dans sa conscience si elles existent.

Une personne est dite récidiviste en matière criminelle lorsque ayant été condamnée à une peine afflictive et infamante, elle commet un nouveau crime.

En matière correctionnelle, les coupables condamnés correctionnellement à un emprisonnement de plus d'un an sont aussi, en cas de nouveau délit, punis comme récidivistes.

En cas de récidive, le condamné sera puni du maximum de la peine portée par la loi, ou de la peine du degré supérieur à celui que la loi indique.

DES EXCUSES

Il y a des excuses dans quelques cas.

Il n'y a ni crime ni délit lorsque le prévenu était en état de démence au temps de l'action, ou lorsqu'il a été contraint par une force à laquelle il n'a pu résister.

Par exemple, en cas de provocation provenant de la victime et ayant causé chez le coupable une violente colère, sous l'empire de laquelle il a agit.

Code pénal. — Lorsque l'accusé aura moins de seize ans, s'il est décidé qu'il a agi *sans discernement*, il sera acquitté; mais il sera, selon les circonstances, remis à ses parents, ou conduit dans une maison de correction, pour y être élevé et détenu pendant tel nombre d'années que le jugement déterminera, et qui toutefois ne pourra excéder l'époque où il aura accompli sa vingtième année.

Qui apprécie quand il y a dans les crimes des circonstances atténuantes ? — Qu'appelle-t-on récidiviste ? — Quand le prévenu a-t-il des excuses ?

DES COMPLICES

Les complices d'un crime ou d'un délit sont punis des mêmes peines que les auteurs de ce crime ou de ce délit sauf le cas où la loi en aurait disposé autrement.

Code pénal. — Seront punis comme complices d'une action qualifiée crime ou délit, ceux qui, par dons, promesses, menaces, abus d'autorité ou de pouvoir, machinations ou artifices coupables, auront provoqué à cette action, ou donné des instructions pour la commettre ; — ceux qui auront procuré des armes, des instruments, ou tout autre moyen qui aura servi à l'action, sachant qu'ils devaient y servir ; — ceux qui auront, avec connaissance, aidé ou assisté l'auteur ou les auteurs de l'action, dans les faits qui l'auront préparée ou facilitée, ou dans ceux qui l'auront consommée.

PRISON. — POLICE JUDICIAIRE

Pour assurer la sécurité publique, il existe en France des officiers de police judiciaire, ce sont les gardes champêtres, les gardes forestiers, les commissaires de police, les maires et les adjoints, les procureurs de la République et leurs substituts, les officiers de gendarmerie, les juges d'instruction.

Ils ont pour mission de rechercher les crimes, les délits, les contraventions, d'en rassembler les preuves et de poursuivre les auteurs devant les tribunaux chargés de les punir.

Pour préparer l'instruction des affaires criminelles ou correctionnelles, le juge d'instruction peut faire procéder à l'arrestation des accusés, qui sont détenus

---

Quelle est la peine des complices d'un crime ou d'un délit ? — Quelle est la mission des officiers de police judiciaire ? — Quel est le pouvoir du juge d'instruction ?

dans la maison d'arrêt située auprès du tribunal correctionnel chargé de juger l'affaire, ou, s'il s'agit d'un crime, dans la maison de justice située auprès du lieu où siège la cour d'assises devant laquelle l'affaire sera portée.

ARMÉE

Il faut à toute nation une armée pour se défendre contre les agressions injustes et ambitieuses de ses voisins et pour maintenir la paix dans son sein.

L'histoire de l'armée française est une des plus brillantes parmi celles des nations du monde moderne. La France a joué un grand rôle dans la vie de l'Europe, et l'influence qu'elle a eue dans les destinées du monde est bien digne de nous rendre fiers de notre qualité de Français.

Notre patrie a souvent usé de sa force pour protéger les opprimés et secourir les malheureux même aux dépens de ses intérêts.

La qualité propre de l'armée française est l'élan joint au courage.

Cette qualité, qui suppose le succès, se retrouve toujours dans notre armée, même aux jours d'épreuve et de dangers.

Si l'on jette un coup d'œil sur notre histoire, on se trouve émerveillé des tentatives suprêmes qu'accomplit cette armée sous la conduite de Jeanne d'Arc pendant la guerre de Cent ans, sous la conduite de Bayard, de François Ier et de Louis XII en Italie, sous celle de Chevert en Bohême, sous celle de Villars à Denain, de Dumouriez à Jemmapes, de Napoléon pendant la terrible retraite de Russie, comme aussi dans les tristes luttes que nous avons soutenues il y a quelques années à peine contre l'Allemagne.

____

Pourquoi faut-il une armée? — Quelle est la qualité propre de l'armée française?

Nos malheurs de 1870-1871, qui nous ont coûté deux de nos plus belles provinces et cinq milliards, étaient dûs non seulement à des fautes inconcevables du gouvernement, mais aussi à la supériorité du nombre et aux mouvements nouveaux de la tactique de l'armée allemande.

Aussi dans le courant de l'année 1871 le souci de l'Assemblée nationale fut-il de réformer notre organisation militaire et d'augmenter notre effectif. Le législateur a pris alors pour base de la nouvelle organisation le service militaire pour tous.

Loi du 27 juillet 1872. — **Tout Français doit le service militaire personnel.**

Tout Français qui n'est pas déclaré impropre à tout service militaire peut être appelé, **depuis l'âge de vingt ans jusqu'à celui de quarante ans,** à faire partie de l'armée active et des réserves, selon le mode déterminé par la loi.

Nul n'est admis dans les troupes françaises s'il n'est Français. — Sont exclus du service militaire, et ne peuvent à aucun titre servir dans l'armée : — 1° les individus qui ont été condamnés à une peine afflictive ou infamante ; — 2° ceux qui, ayant été condamnés à une peine correctionnelle de deux ans d'emprisonnement et au-dessus, ont en outre été placés par le jugement de condamnation sous la surveillance de la haute police et interdits, en tout ou en partie, des droits civiques, civils ou de famille.

Le recrutement de l'armée se fait par un tirage au sort, auquel il est procédé par le sous-préfet de chaque arrondissement au chef-lieu de chacun des cantons de cet arrondissement. Le sous-préfet dépose dans une urne des numéros en nombre égal à celui des jeunes gens ayant atteint l'âge de vingt ans révolus dans l'année précédente,

---

Qui doit le service militaire ? — De quel âge à quel âge le doit-on ? — Qui peut être soldat ? — Comment se recrute l'armée ?

domiciliés dans le canton et inscrits sur le tableau dressé chaque année par les maires des communes du canton.

Chacun des intéressés ou un membre de leur famille, et à défaut le maire de leur commune, tire un numéro, qui fixe le rang du conscrit.

Loi du 27 juillet 1872. — Sont exemptés du service militaire, les jeunes gens que leurs infirmités rendent impropres à tout service actif ou auxiliaire dans l'armée.

Sont dispensés du service d'activité en temps de paix : — 1° l'aîné d'orphelins de père et de mère ; — 2° le fils unique ou l'aîné des fils, ou, à défaut de fils ou de gendre, le petit-fils unique ou l'aîné des petits-fils d'une femme actuellement veuve ou d'une femme dont le mari a été légalement déclaré absent, ou d'un père aveugle ou entré dans sa soixante-dixième année. — Dans les cas prévus par les deux paragraphes précédents, le frère puîné jouira de la dispense si le frère aîné est aveugle ou atteint de toute autre infirmité incurable qui le rende impotent ; — 3° le plus âgé des deux frères appelés à faire partie du même tirage, si le plus jeune est reconnu propre au service ; — 4° celui dont un frère sera dans l'armée active ; — 5° celui dont un frère sera mort en activité de service ou aura été réformé ou admis à la retraite pour blessures reçues dans un service commandé ou pour des infirmités contractées dans les armées de terre et de mer. — La dispense accordée conformément aux paragraphes 4 et 5 ci-dessus ne sera appliquée qu'à un seul frère pour le même cas, mais elle se répétera dans la même famille autant de fois que les mêmes droits s'y reproduiront.

Les jeunes gens qui se trouvent dans les conditions prévues par ces articles de loi dans la liste des conscrits du canton prennent de droit les premiers numéros. Les autres conscrits sont partagés suivant leur numéro d'ordre en deux catégories.

Pour allier l'intérêt de la défense du pays avec celui de sa prospérité, qui réclame tous les bras des citoyens, le législateur a fixé le nombre minimum d'années suffisant à faire des recrues de bons soldats, bien exercés et des sous-officiers capables. Il a de plus institué une catégorie de jeunes gens qui ne restent sous les drapeaux que le temps nécessaire à leur instruction. Ce sont ceux qui ont les premiers numéros. Les autres donnen au pays un service dit de cinq ans et qui ne dure qu'environ quarante mois.

Dans le même ordre d'idées le législateur a voulu donner aux jeunes gens dont la jeunesse avait été consacrée à l'étude, et qui devaient encore y employer d'autres années ininterrompues avant de rendre à leur pays tous les services dont ils étaient capables, le moyen de satisfaire aux exigences du service militaire. Il a institué dans ce but les engagements conditionnels d'un an connus sous le nom de volontariat.

Loi du 27 juillet 1872. — Les jeunes gens qui ont obtenu des diplômes de bacheliers ès lettres, de bacheliers ès sciences, des diplômes de fin d'études ou des brevets de capacité institués par les articles 4 et 6 de la loi du 21 juin 1865 ; ceux qui font partie de l'École centrale des arts et manufactures, des écoles nationales des arts et métiers, des écoles nationales des beaux-arts, du Conservatoire de musique : les élèves des écoles nationales vétérinaires et des écoles nationales d'agriculture, les élèves externes de l'École des mines, de l'École des ponts et chaussées, de l'École du génie maritime et les élèves de l'École des mineurs de Saint-Etienne, sont admis, avant le tirage au sort, lorsqu'ils présentent les certificats d'études émanés des autorités désignées par un règlement inséré au *Bulletin des lois*, à contracter dans l'armée de terre des engagements conditionnels d'un an, selon le mode déterminé par ledit règlement.

Indépendamment des jeunes gens indiqués en l'article précédent, sont admis, avant le tirage au sort, à contracter un semblable engagement, ceux qui satisfont à un des examens exigés

---

Dans quel but a-t-on institué les engagements conditionnels d'un an ?

par les différents programmes préparés par le ministre de la Guerre et approuvés par décrets rendus dans la forme des réglements d'administration publique.

Les engagés conditionnels sont pendant leur année de service militaire soumis à des examens qui prouvent leur bonne instruction militaire. — Ils ne sont envoyés dans leurs foyers qu'après y avoir satisfait ; et peuvent en cas de paresse ou de mauvaise volonté être retenus une seconde année ou même encore trois autres années.

Loi du 27 juillet 1872. — Tout Français qui n'est pas déclaré impropre à tout service militaire, fait partie : — de l'armée active pendant cinq ans ; — de la réserve de l'armée active pendant quatre ans ; — de l'armée territoriale pendant cinq ans ; — de la réserve de l'armée territoriale pendant six ans.

ARMÉE DE MER

L'armée de mer est recrutée au moyen de l'inscription maritime.

Le registre de l'inscription maritime a été institué par Colbert. Il comprend les noms de tous les individus mâles et valides des régions maritimes, qui sont employés à la navigation commerciale ou particulière, ou au cabotage. Ils reçoivent en échange de leurs obligations le droit exclusif de pêche sur les côtes de France.

Les officiers de marine portent les titres : d'amiral, qui correspond à maréchal de France ; de vice-amiral, équivalant à général de division ; de contre-amiral, équivalant à général de brigade ; de capitaine de vaisseau ; de capitaine de frégate ; lieutenant de vaisseau ; enseigne de vaisseau ; aspirant.

Pendant combien de temps doit-on le service militaire dans l'armée active ? — Dans la réserve de l'armée active ? — Dans l'armée territoriale ?— Dans la réserve de l'armée territoriale ? — Comment est recrutée l'armée de mer?

ARMÉE DE TERRE

Le territoire de la France est divisé en dix-huit régions militaires occupées chacune par un corps d'armée. Un corps d'armée spécial est en outre affecté à l'Algérie.

Chaque corps d'armée, commandé par un général de division, comprend : deux divisions d'infanterie, soit huit régiments ; une brigade de cavalerie, soit deux régiments ; une brigade d'artillerie, soit deux régiments ; un bataillon du génie, un escadron du train et des équipages militaires, ainsi que les états-majors et les divers services nécessaires.

L'armée active se compose des corps de toutes armes, savoir :

> **L'infanterie,**
> **La cavalerie,**
> **L'artillerie,**
> **Le génie,**
> **Le train et les équipages,**

Le personnel de l'état-major et les différents services auxiliaires, le corps de l'intendance, celui des officiers de santé militaires et des sections d'infirmiers, celui des officiers d'administration et des sections de commis et d'ouvriers d'administration,

La gendarmerie, et le régiment des sapeurs-pompiers de la ville de Paris.

L'infanterie comprend :

144 régiments d'infanterie de ligne,
30 bataillons de chasseurs à pied,
4 régiments de zouaves,
3 régiments de tirailleurs algériens (turcos
1 régiment appelé la légion étrangère.

Combien y a-t-il de régions militaires ? — Combien notre armée comprend-elle d'armes et quelles sont-elles ?

La cavalerie comprend :

12 régiments de cuirassiers, cavalerie de réserve.

26 régiments de dragons, cavalerie de ligne,

20 régiments de chasseurs,⎫
12 régiments de hussards, ⎬ cavalerie légère

4 régiments de chasseurs d'Afrique,

3 régiments de spahis.

L'artillerie comprend :

38 régiments d'artilleurs,

2 régiments d'artilleurs pontonniers.

Le service en Algérie est assuré par des batteries d'artillerie et des compagnies de pontonniers détachés des régiments; ceux-ci doivent stationner en France.

Le génie comprend :

4 régiments de sapeurs-mineurs.

Le train des équipages comprend :

20 escadrons.

La gendarmerie comprend :

La gendarmerie départementale,

La gendarmerie d'Afrique,

La gendarmerie mobile,

La garde républicaine de Paris,

La gendarmerie coloniale.

A la tête de la hiérarchie militaire se trouvent les maréchaux, puis viennent les généraux de division, les généraux de brigade, qui composent le cadre des officiers généraux.

Les colonels,⎫
Les lieutenants-colonels, ⎪
Les commandants, pour l'infanterie, ⎬ qui composent le cadre des officiers supérieurs;
Les chefs d'escadron, pour la cavalerie.⎭

Quelle est la hiérarchie militaire ?

Les capitaines,
Les lieutenants,
Les sous-lieutenants,

> qui composent le cadre des officiers subalternes ;

Les adjudants,
1 Les sergents-majors pour l'infan-
     terie,
2 Les maréchaux de logis chefs pour
     la cavalerie,

> qui composent le cadre des sous-officiers ;

1 Les sergents pour l'infanterie,
2 Les maréchaux de logis pour la cavalerie,
1 Les caporaux pour l'infanterie,
2 Les brigadiers pour la cavalerie,
Et enfin les simples soldats.

Les militaires, pendant le temps qu'ils restent sous les drapeaux, sont soumis à la juridiction spéciale des conseils de guerre, qui connaissent des crimes et délits de droit commun ou d'ordre disciplinaire militaire commis dans leurs ressorts.

Ils siégent au chef-lieu de chaque commandement militaire, et sont composés d'officiers supérieurs et subalternes, dont le nombre varie suivant le grade de l'inculpé.

Les peines prononcées sont celle de l'emprisonnement, subie dans un établissement pénitencier militaire ; celle des travaux publics, subie dans les compagnies disciplinaires ; la peine de mort, et la peine de la dégradation.

Le condamné à mort est fusillé.

En temps de guerre toutes les personnes se trouvant dans les régions occupées par les troupes

---

Où siègent les conseils de guerre ? — En temps de guerre qui sont justiciables des conseils de guerre ?

sont soumises à la juridiction des conseils de guerre. Il est de même de celles qui se trouvent dans les régions où l'état de siège est déclaré, en temps de révolution ou de troubles.

LE SOLDAT

Dans nos heures d'indifférence,
Qui garde au cœur une espérance,
Que tout heurte et que rien n'abat ?
    Le soldat.

Qui fait le guet quand tout sommeille,
Quand tout est en péril, qui veille,
Qui souffre, qui meurt, qui combat ?
    Le soldat.

O rôle immense ! ô tâche sainte !
Marchant sans cris, tombant sans plainte,
Qui travaille à notre rachat ?
    Le soldat.

Et sur sa tombe obscure et fière,
Pour récompense et pour prière
Que voudrait-il que l'on gravât ?
    Un soldat.

Paul Déroulède.

DROIT CIVIL

Tout enfant né en France ou à l'étranger de parents français est Français.

Code civil. — La qualité de Français se perdra : 1° par la naturalisation acquise en pays étranger ; 2° par l'acceptation non autorisée par le chef de l'État, de fonctions publiques conférées par un gouvernement étranger ; 3° enfin par tout établissement fait en pays étranger, sans esprit de retour. — Les établissements de commerce ne pourront jamais être considérés comme ayant été faits sans esprit de retour.

Dites la poésie : *le Soldat ?* — Comment est-on Français ?

Le Français qui aura perdu sa qualité de Français, pourra toujours la recouvrer en rentrant en France avec l'autorisation du chef de l'État, et en déclarant qu'il veut s'y fixer, et qu'il renonce à toute distinction contraire à la loi française.

Une femme française qui épousera un étranger, suivra la condition de son mari. — Si elle devient veuve, elle recouvrera la qualité de Française, pourvu qu'elle réside en France, ou qu'elle y rentre avec l'autorisation du chef de l'État, et en déclarant qu'elle veut s'y fixer.

Tout individu né en France d'un étranger pourra, dans l'année qui suivra l'époque de sa majorité, réclamer la qualité de *Français* ; pourvu que, dans le cas où il résiderait en France, il déclare que son intention est d'y fixer son domicile, et que dans le cas où il résiderait en pays étranger, il fasse sa soumission de fixer en France son domicile, et qu'il l'y établisse dans l'année à compter de l'acte de soumission.

L'étranger jouira en France des mêmes droits civils que ceux qui sont ou seront accordés aux Français par les traités de la nation à laquelle cet étranger appartiendra.

L'étrangère qui aura épousé un Français, suivra la condition de son mari.

Ces conditions, lorsqu'elles sont réunies dans une personne, peuvent être prouvées par elle au moyen des actes de l'état civil.

L'état civil indique de quelle famille sociale, de quelle nation une personne dépend, de plus il établit à quelle famille privée elle appartient.

ÉTAT CIVIL

L'état civil est la condition d'une personne dans la société. Il sert à établir de qui cette personne est fils ou fille, si elle est mineure ou majeure, célibataire ou mariée.

Les écrits qui constatent cette situation s'appellent les actes de l'état civil.

Les principaux actes de l'état civil sont les actes de naissance, de mariage et de décès.

Les actes de l'état civil consacrent la situation qu'ils donnent à chaque personne. Ils font foi jusqu'à preuve contraire en tant que leur fausseté n'est pas démontrée. La situation qu'ils donnent est déclarée juste, par une présomption du législateur, qui estime que la solennité qui accompagne leur rédaction, le nombre des témoins et des fonctionnaires qui participent ou assistent à la rédaction, l'intérêt même de ceux qui font les déclarations ont dû leur faire éviter les erreurs.

On désigne aussi sous le nom d'état civil le lieu où l'on recueille et conserve les actes en question, qui forment l'état civil des citoyens.

ACTE DE NAISSANCE

L'acte de naissance est rédigé en présence de deux témoins sur la déclaration soit du père, soit, à son défaut, du médecin ou d'une des personnes qui assistaient à la naissance. Cette déclaration doit être faite dans les trois jours. L'acte de naissance fixe les noms de l'enfant, de ses père et mère, et détermine la famille à laquelle l'enfant appartient.

ACTE DE MARIAGE

L'acte de mariage ne doit être reçu et le mariage célébré qu'en présence de quatre témoins et après deux publications affichées à la mairie à huit jours d'intervalle.

Quels sont les principaux actes de l'état civil? — Que fixe l'acte de naissance? — Dans quelles conditions l'acte de mariage doit-il être reçu?

Les pièces nécessaires à produire pour procéder à la célébration du mariage sont :

1° Les actes de naissance des futurs époux ; s'ils ne sont pas nés dans la commune où le mariage doit se célébrer ;

2° Les actes de décès des père et mère décédés ;

3° Le consentement par acte notarié des père et mère qui ne pourraient assister au mariage ou les actes tenant lieu de ce consentement, s'il faisait défaut ; le consentement des parents est toujours exigé ;

4° L'acte de décès du premier mari ou de la première femme, si les futurs époux sont veufs.

Code civil. — L'homme avant dix-huit ans révolus, la femme avant quinze ans révolus, ne peuvent contracter mariage.

On ne peut contracter un second mariage avant la dissolution du premier.

Le fils qui n'a pas atteint l'âge de vingt-cinq ans accomplis, la fille qui n'a pas atteint l'âge de vingt et un ans accomplis, ne peuvent contracter mariage sans le consentement de leurs père et mère; en cas de dissentiment, le consentement du père suffit.

Le consentement des père et mère doit toujours être donné au mariage de leur enfant. Ils sont souvent les meilleurs conseils de l'enfant, et l'amour qu'ils lui portent, l'intérêt même de leur famille justifient la décision du législateur.

En cas de décès des père et mère, les grands-parents sont appelés à donner leur avis. En cas de dissentiment entre les aïeuls de la ligne paternelle et de la ligne maternelle l'avis des premiers doit l'emporter.

Quelles sont les pièces nécessaires à produire pour le mariage ?

Code civil. — Le mariage sera célébré publiquement, devant l'officier civil du domicile de l'une des deux parties.

On peut se marier avec ou sans contrat de mariage ; s'il y a un contrat, on doit représenter un certificat du notaire qui a reçu ce contrat à l'officier de l'état civil pour demeurer joint à l'acte de célébration de mariage, qui doit le mentionner. Le contrat de mariage doit précéder la célébration ; il ne peut être modifié après la célébration.

ACTE DE DÉCÈS

L'acte de décès est dressé sur la déclaration de deux témoins et après constatation du décès. Aucune inhumation ne peut être faite sans que l'officier de l'état civil ait été averti. Il dresse alors l'acte de décès.

Tous les actes de l'état civil sont dressés à la mairie devant l'officier de l'état civil, c'est-à-dire le maire ou son adjoint et, à leur défaut, le conseiller municipal délégué à cet effet, le premier dans l'ordre du tableau dressé d'après le nombre de voix obtenues à l'élection.

Afin d'assurer la conservation de ces actes, ils sont rédigés et écrits sur des registres spéciaux, tenus doubles, dont l'un reste à la mairie et l'autre est déposé chaque année au greffe du tribunal civil, où toute personne peut s'adresser pour se faire délivrer un extrait de ces registres par les dépositaires.

Est-il nécessaire de faire un contrat de mariage ? — Comment est dressé l'acte de décès ?

PROTECTION DES MINEURS

L'acte de naissance fixant la date de la naissance sert à déterminer le moment où l'enfant devient majeur. Jusqu'à sa majorité il est mineur.

Le mineur est l'individu de l'un ou l'autre sexe qui n'a point encore l'âge de vingt et un ans accomplis.

Le législateur a déclaré le mineur incapable, c'est-à-aire inhabile à contracter des obligations et des engagements à cause de son inexpérience des choses de la vie, il l'a maintenu dans la dépendance de sa famille.

Jusqu'à sa majorité, c'est-à-dire jusqu'à sa vingt et unième année révolue, le mineur est placé par la loi sous les soins et la protection de ses père et mère, ou encore sous la tutelle soit du survivant d'eux ou bien d'un tuteur choisi par les parents ou nommé par la famille ou par la justice.

Code civil. — Le père est, durant le mariage, administrateur des biens personnels de ses enfants mineurs.

Après le décès du père ou de la mère le survivant d'eux devient de plein droit tuteur de l'enfant mineur.

Le dernier mourant du père ou de la mère, a droit de choisir, par testament, un tuteur à son enfant encore mineur.

Lorsqu'il n'a pas été choisi de tuteur par le survivant des père et mère, la tutelle de l'orphelin mineur appartient de droit à l'un des ascendants de ce dernier.

Qu'est-ce qu'un mineur? — Sous quelle protection est placé le mineur jusqu'à sa majorité? — A qui appartient la tutelle de l'orphelin mineur lorsqu'elle n'a pas é.e désignée par le survivant des père et mère?

Les ascendants de la ligne paternelle sont toujours mis par le législateur avant ceux de la ligne maternelle du même degré.

Et à défaut d'ascendants, il est pourvu par un conseil de famille, à la nomination d'un tuteur.

Code civil. — Le conseil de famille sera composé, non compris le juge de paix, de six parents ou alliés, pris tant dans la commune où la tutelle sera ouverte que dans la distance de deux myriamètres, moitié du côté paternel, moitié du côté maternel, et en suivant l'ordre de proximité dans chaque ligne. — Le parent sera préféré à l'allié du même degré ; et, parmi les parents du même degré, le plus âgé à celui qui le sera le moins.

A défaut de parents, on devra choisir des amis de la famille.

Code civil. — Tout parent, allié ou ami, convoqué, et qui, sans excuse légitime, ne comparaîtra point, encourra une amende qui ne pourra excéder cinquante francs, et sera prononcée sans appel par le juge de paix.

Le législateur a consacré cette idée que les services à rendre aux orphelins et les soins à donner à la gestion de leur patrimoine étaient d'ordre public. Tous en effet peuvent avoir besoin de ce secours, il est donc de l'intérêt général que tous puissent être forcés de faire ce dont peuvent avoir besoin leurs enfants.

Toutefois certains fonctionnaires, comme les préfets, les magistrats, ou encore les militaires, les personnes âgées de plus de soixante-cinq ans, les personnes infirmes ou déjà chargées de deux tutelles, peuvent se faire dispenser de la tutelle pour laquelle on les désigne.

La tutelle confère à celui qui en est investi le soin de l'éducation de la personne et l'administration des biens du mineur ; le tuteur gère la fortune

Que confère la tutelle à celui qui en est investi ?

du mineur sous sa responsabilité personnelle, sauf à prendre, dans certains cas, l'avis du conseil de famille de son pupille et à rendre compte de sa tutelle.

Celui-ci, de son côté, doit respect, honneur et obéissance à son tuteur comme à son père.

Les mineurs peuvent toutefois être dégagés et affranchis de l'autorité paternelle à quinze ans révolus par leurs père et mère, et de celle de leur tuteur à dix-huit ans révolus par le conseil de famille. C'est ce qui s'appelle l'émancipation.

L'ADOPTION

A ceux qui ont eu le malheur de perdre leurs enfants et à ceux qui n'ont pas eu le bonheur d'en avoir, le législateur a donné comme une consolation la possibilité de se créer une paternité légale par l'*adoption*.

L'adoption est permise à toute personne de l'un ou l'autre sexe, même célibataire, âgée de plus de cinquante ans et plus âgée que la personne adoptée. Au moment de l'adoption, l'adoptant ne doit pas avoir d'enfants ni descendant légitime.

L'adopté doit être majeur, avoir reçu dans sa minorité et pendant au moins six ans, des secours et des soins non interrompus de l'adoptant, ou lui avoir sauvé la vie, soit dans un combat, soit en le retirant des flammes ou des flots.

LA PROPRIÉTÉ

Nous avons vu de quelle protection la loi entourait le mineur dans sa personne, dans ses intérêts et dans ses biens.

Dans quelles conditions l'adoption est-elle permise ?

Chaque citoyen est également protégé dans ce qu'il possède, dans ce que la loi appelle sa propriété.

La propriété est le droit de jouir et disposer des choses de la manière la plus absolue, pourvu qu'on n'en fasse pas un usage prohibé par les lois.

La propriété est la base de toute civilisation ; le droit de propriété est le principe créateur et conservateur de toute société. Quand on attaque le droit de propriété, on est donc ennemi de la société, qui repose sur ce droit.

Cette idée de propriété a été reconnue et exprimée dans les temps les plus reculés et chez tous les peuples, et toute atteinte aux droits de propriété doit être déférée aux tribunaux, poursuivie, réprimée et punie suivant la loi.

Aussi, nul ne peut être contraint de céder sa propriété, si ce n'est pour cause d'utilité publique, c'est-à-dire, par exemple, pour le percement d'une route, d'une rue, pour la création de chemins de fer, de canaux, d'écoles et autres travaux d'utilité générale ; mais moyennant une juste et préalable indemnité déterminée par un jury composé de douze citoyens désignés parmi les électeurs. C'est ce qu'on appelle l'expropriation pour cause d'utilité publique.

Ces principes sont consacrés par la *Déclaration des droits de l'homme et du citoyen*, votée par l'Assemblée nationale de 1789. « La propriété étant un droit inviolable « et sacré, nul ne peut en être privé, si ce n'est lorsque la « nécessité publique, légalement constatée, l'exige évidem- « ment, et sous la condition d'une juste et préalable « indemnité. »

Qu'est-ce que la propriété ? — Quelle est la seule cause pour laquelle on peut être contraint de céder sa propriété ?

Les biens qui peuvent être l'objet d'un droit de propriété sont toutes les choses susceptibles de valeur, pouvant être l'objet d'un droit, de propriété, de possession, ou de créance.

Code civil. — La propriété des biens est individuelle, elle s'acquiert et se transmet par succession, par donation entre vifs ou testamentaire, et par l'effet des obligations par la vente, la cession, la donation, la prescription.

LES SUCCESSIONS

Lors de la mort d'une personne tout ce qui lui appartenait, tout ce qu'elle laisse compose ce qu'on appelle sa succession.

Les successions sont déférées et transmises à défaut de *testament* aux *héritiers* du défunt, c'est-à-dire à :

Ses enfants et descendants ;

Ses ascendants ;

Et à ses parents collatéraux, dans l'*ordre* et suivant les règles déterminées par le Code civil.

La première règle est la proximité de parenté avec le défunt : le législateur a pensé que nos plus proches parents devaient être ceux que nous chérissions le plus et que notre intention était de leur donner notre fortune de préférence aux autres.

Code civil. — La proximité de parenté s'établit par le nombre de générations ; chaque génération s'appelle un *degré.*

La suite des degrés forme la ligne : on appelle *ligne directe* la suite des degrés entre personnes qui descendent l'une de l'autre ; *ligne collatérale*, la suite des degrés entre les personnes qui ne descendent pas les unes des autres, mais qui descendent d'un auteur commun. — On distingue la ligne directe, en ligne directe descendante et ligne directe ascendante. — La première est

---

Qu'appelle-t-on succession ? — Qui sont héritiers d'un défunt ?

celle qui lie le chef avec ceux qui descendent de lui : la deuxième est celle qui lie une personne avec ceux dont elle descend.

En ligne directe, on compte autant de degrés qu'il y a de générations entre les personnes ; ainsi le fils est, à l'égard du père, au premier degré ; le petit-fils au second ; et réciproquement du père et de l'aïeul à l'égard des fils et petits-fils.

En ligne collatérale, les degrés se comptent par générations, depuis l'un des parents jusques et non compris l'auteur commun, et depuis celui-ci jusqu'à l'autre parent. — Ainsi, deux frères sont au deuxième degré ; l'oncle et le neveu sont au troisième degré ; les cousins germains au quatrième ; ainsi de suite.

De plus la loi a admis que certains héritiers d'un degré inférieur pouvaient, au moyen de la représentation, venir en concours avec des héritiers plus rapprochés du défunt et prendre la part que leur père et mère auraient eue s'ils avaient vécu. Toutefois ces personnes ne prennent que la part de leur père ou mère quelque soit leur nombre.

Code civil. — La représentation est une fiction de la loi, dont l'effet est de faire rentrer les représentants dans la place, dans le degré et dans les droits du représenté. La représentation a lieu à l'infini dans la ligne directe descendante. — Elle est admise dans tous les cas, soit que les enfants du défunt concourent avec les descendants d'un enfant prédécédé, soit que tous les enfants du défunt étant morts avant lui, les descendants desdits enfants se trouvent entre eux en degrés égaux ou inégaux

La représentation n'a pas lieu en faveur des ascendants ; le plus proche, dans chacune des deux lignes, exclut toujours le plus éloigné.

En ligne collatérale, la représentation est admise en faveur des nfants et descendants de frères ou sœurs du défunt, soit qu'ils viennent à sa succession concurremment avec des oncles ou tantes, soit que tous les frères et sœurs du défunt étant prédécédés, la succession se trouve dévolue à leurs descendants en degrés égaux on inégaux.

Dans tous les cas où la représentation est admise, le partage s'opère par souche: si une même souche a produit plusieurs branches, la subdivision se fait aussi par souche dans chaque branche, et les membres de la même branche partagent entre eux par tête.

DU TESTAMENT

Le législateur a tenu le plus grand compte dans la dévolution des successions des liens de parenté qui relient les membres d'une même famille.

La protection et le respect dont il a entouré les droits légitimes de chacun d'eux, montre que le législateur a pensé établir les règles de la dévolution des biens dans toute famille bien équilibrée.

Toutefois il est rare qu'il ne survienne pas des causes de ressentiment et d'aigreur qui jettent le trouble dans la famille: le législateur a voulu alors laisser à chacun la liberté de modifier la dévolution légale de sa succession par des dispositions testamentaires.

Lorsqu'une personne veut régler elle-même la disposition, la distribution de sa succession, elle fait son testament.

Tester ou faire son testament, c'est faire un acte par lequel on dispose, pour le jour où l'on n'existera plus, d'une partie ou de la totalité de sa succession.

Les deux formes de testament les plus généralement usitées sont:

1º Le testament olographe, qui est un acte privé émanant de l'initiative du testateur qui doit l'*écrire* en entier de sa propre main, le *dater* et le *signer*.

Qu'est-ce que tester? — Quelles sont les deux formes de testament les **plus** usitées?

Il doit, pour être valable, réunir ces trois conditions, mais il n'est pas soumis à d'autres formes.

2° Le testament authentique dressé par un notaire, en présence de témoins, sous la dictée du testateur, qui doit le signer.

La personne qui a des descendants ou des ascendants ne dispose pas par son testament de la totalité de ses biens, le législateur a établi certaines restrictions à la liberté de disposer par testament au profit de certains parents, leur exclusion de la succession est considérée dans le monde comme un scandale, et le but du législateur a été d'éviter que des querelles de famille ne pussent faire oublier au testateur ses devoirs.

Le testateur ne peut disposer que de la moitié de ses biens s'il laisse un enfant, que du tiers s'il laisse deux enfants, que du quart s'il en laisse trois ou un plus grand nombre.

S'il n'existe pas de descendants, mais seulement des ascendants, le testateur ne peut disposer que de la moitié ou des trois quarts de ses biens, suivant qu'il laisse des ascendants dans chaque ligne paternelle et maternelle ou seulement dans une seule ligne.

La portion de biens dont le testateur a la libre disposition s'appelle *quotité disponible*. — La portion non disponible s'appelle la *réserve*, c'est-à-dire ce qui est réservé par la loi aux descendants ou ascendants.

La loi laisse au père de famille, comme nous venons de le voir, le droit de disposer de ses biens dans une certaine limite, afin qu'il puisse retenir ses enfants dans le devoir. Mais elle ne lui permet point de les dépouiller entièrement.

Comment s'appelle la portion de biens dont le testateur a la libre disposition ? — Comment s'appelle la portion non disponible

— Ce n'est point assez de nourrir, secourir et aider nos enfants, il faut encore assurer leur avenir en leur transmettant une portion de notre avoir.

La reconnaissance impose les mêmes obligations aux enfants en faveur de leurs ascendants qui leur survivent.

Pour disposer par testament dans les conditions que nous venons d'expliquer, la femme mariée n'a pas besoin de l'autorisation de son mari, mais le testateur doit avoir atteint vingt et un ans accomplis, c'est-à-dire être majeur.

Cependant le mineur parvenu à l'âge de seize ans révolus peut tester, comme il résulte de l'article du Code civil ainsi conçu :

« Le mineur parvenu à l'âge de seize ans ne pourra dis-
« poser que par testament et jusqu'à concurrence seule-
« ment de la moitié des biens dont la loi permet au majeur
« de disposer. »

Le législateur a pensé qu'il ne fallait pas enlever aux personnes parvenues à cet âge de seize ans révolus, tous les moyens de récompenser ceux qui leur ont rendu service, qui se sont montrés pour elles pleins d'affection et de dévouement.

Ce que l'on recueille d'après l'ordre des successions établi par le Code civil est un héritage, et celui qui est appelé par la loi à une succession se nomme héritier.

Le bien que l'on recueille dans une succession en vertu des dispositions testamentaires compose un legs, la personne qui reçoit le legs s'appelle un légataire.

Comment appelle-t-on ce que l'on recueille d'après l'ordre des successions établi par le Code civil ? — Comment nomme-t-on la personne appelée par la loi à une succession ?—Que compose le bien que l'on recueille dans une succession en vertu de dispositions testamentaires ? — Comment s'appelle la personne qui reçoit un legs ?

Dans le délai de six mois du décès les héritiers ou légataires doivent déclarer :

Les *valeurs mobilières* de la succession au bureau d'enregistrement du domicile du décédé,

Et *les propriétés immobilières* au bureau de la situation de chaque immeuble,

Pour acquitter dans le même délai l'impôt appelé *droit de mutation par succession*, dont la quotité est basée sur le degré de parenté.

DE L'ACCEPTATION ET DE LA RENONCIATION

Les héritiers peuvent toujours accepter la succession qui leur est dévolue, ils peuvent toujours la refuser, à moins qu'ils n'aient disposé des biens de la succession comme de leur propriété, ou qu'ils n'aient réclamé une dette de la succession en qualité d'héritiers.

Ils peuvent, après avoir refusé, accepter la succession tant que les héritiers du degré suivant n'ont pas accepté.

DE L'ACCEPTATION BÉNÉFICIAIRE

Les héritiers peuvent toujours accepter la succession sous bénéfice d'inventaire, à la charge de faire inventaire, d'administrer pour les créanciers de la succession, de leur rendre compte de tout l'avoir du défunt. Ils ont dans ce cas la faculté d'accepter, si la succession comporte encore quelques valeurs après le payement des dettes, ou de refuser s'il n'y a plus rien.

Les héritiers peuvent-ils accepter ou refuser la succession qui leur est dévolue?

Les héritiers bénéficiaires ont l'avantage de ne pas être soumis à la règle générale qui oblige les autres héritiers à acquitter sur leurs biens personnels les dettes de la succession qu'ils recueillent alors qu'elles dépasseraient l'actif recueilli.

L'acceptation bénéficiaire ou la renonciation doivent, dans l'intérêt des héritiers du degré suivant ou des créanciers, être constatées sur un registre spécial au greffe du tribunal civil dans le ressort duquel le défunt avait son domicile.

DES DONATIONS

Lorsqu'une personne fait un testament, elle donne au légataire, qui ne doit recevoir qu'après la mort du testateur.

Lorsqu'une personne veut donner de son vivant, l'acte qu'elle accomplit est une donation ; la personne qui donne s'appelle donateur, et celle qui reçoit est le donataire.

Code civil. — La donation entre vifs est un acte par lequel le donateur se dépouille actuellement et irrévocablement de la chose donnée en faveur du donataire qui l'accepte.

Tous actes portant donation entre vifs seront passés devant notaires, dans la forme ordinaire des contrats ; et il en restera minute, sous peine de nullité.

La donation entre vifs n'engagera le donateur, et ne produira aucun effet, que du jour qu'elle aura été acceptée en termes exprès. — L'acceptation pourra être faite du vivant du donateur, par un acte postérieur et authentique, dont il restera minute ; mais alors la donation n'aura d'effet, à l'égard du donateur, que du jour où l'acte qui constatera cette acceptation lui aura été notifié.

Quel est l'avantage des héritiers bénéficiaires ? — Qu'appelle-t-on donation ? — Qu'appelle-t-on donateur ? — Qu'appelle-t-on donataire ?

La donation entre vifs ne pourra comprendre que les biens présents du donateur ; si elle comprend des biens à venir, elle sera nulle à cet égard.

La donation entre vifs ne pourra être révoquée que pour cause d'inexécution des conditions sous lesquelles elle aura été faite, pour cause d'ingratitude, et pour cause de survenance d'enfants.

LES CONTRATS LES PLUS USUELS

On appelle contrat l'accord que forment deux ou plusieurs personnes pour créer entre elles une obligation. Si Pierre vend sa maison à Paul moyennant deux mille francs, tous deux prennent une obligation, un engagement l'un envers l'autre. Pierre s'engage à céder et livrer sa maison, et Paul s'oblige à payer les deux mille francs, prix de la maison. Voilà un contrat.

Le contrat est aussi une convention par laquelle une ou plusieurs personnes s'obligent envers une ou plusieurs autres, à donner, à faire ou à ne pas faire quelque chose.

Quatre conditions sont essentielles pour la validité des contrats et conventions :

1° Le consentement libre de la partie ou des parties qui s'obligent et contractent.

Si notamment il y a eu violence, le consentement est vicié et le contrat ou la convention n'existe pas.

2° La capacité de contracter chez la partie qui s'oblige.

L'incapacité peut résulter principalement de la minorité, de l'état d'aliénation mentale et d'interdiction prononcée par justice.

Qu'appelle-t-on contrat ? — Quelles sont les quatre qualités essentielles pour la validité des contrats ?

3° **Un objet certain qui forme la matière de l'engagement.**

Ainsi on ne peut faire de convention, de contrat ayant pour objet par exemple, une succession future ou des choses qui ne sont pas dans le commerce.

4° Et une cause permise et licite dans l'obligation, c'est-à-dire qui ne soit pas contraire à l'ordre public, ni aux bonnes mœurs, et qui ne soit point prohibée par la loi.

Les contrats qui se représentent le plus souvent dans la vie, c'est-à-dire les plus usuels, sont : la vente, le louage, les conventions matrimoniales, les contrats de société.

DE LA VENTE

La vente est un contrat par lequel une personne acquiert, une autre transmet une chose, un objet, une propriété moyennant un prix convenu et accepté.

La vente s'applique à toutes les choses qui sont dans le commerce.

Lorsqu'elle a trait à des biens immeubles, terres, maisons, terrains, elle s'opère par écrit ; les actes qui consacrent les conventions des parties prennent le nom de contrats de vente. Ils sont le plus souvent passés dans la forme authentique, c'est-à-dire devant les officiers publics appelés notaires, qui conservent les minutes de ces actes souvent fort importants et assurent l'exécution des formalités que réclament les droits et intérêts des vendeurs et des acquéreurs.

La vente qui a trait à des droits mobiliers, tels que recouvrements, créances hypothécaires et sur particuliers, s'appelle plus généralement transport et cession.

Quels sont les contrats les plus usuels ? — Qu'est-ce que la vente ?

La vente des rentes, actions et obligations de l'État, des villes, compagnies et sociétés, s'opère, en général, à la Bourse par l'intermédiaire et sous la garantie de fonctionnaires publics appelés agents de change.

La vente des substances dangereuses et vénéneuses, celle de certaines denrées, comme les poudres, les tabacs, etc., est soumise à des restrictions, à des règlements particuliers, et s'opère sous la surveillance de l'État.

Quant à la vente des biens appartenant à des incapables, des interdits ou des mineurs, et à celle qui suit les poursuites de saisie pratiquée par un créancier sur son débiteur, cette vente s'opère aux enchères publiques, après jugement ou autorisation du tribunal et après les formalités prescrites par la loi, sur le cahier des charges et conditions dressé soit par le notaire commis par justice, soit par l'avoué poursuivant la vente et déposé au greffe du tribunal de première instance.

DU LOUAGE

Le contrat de louage est défini de la manière suivante par le législateur :

Code civil. — Il y a deux sortes de contrats de louage : — Celui de choses, et celui d'ouvrage.

Le louage des choses est un contrat par lequel l'une des parties s'oblige à faire jouir l'autre d'une chose pendant un certain temps, et moyennant un certain prix que celle-ci s'oblige à lui payer.

Le louage d'ouvrage est un contrat par lequel l'une des parties s'engage à faire quelque chose pour l'autre, moyennant un prix convenu entre elles.

Ces deux genres de louage se subdivisent encore en plusieurs espèces particulières : — On appelle *bail à loyer*, le louage des maisons et celui des meubles; — *à ferme*, celui des héritages ruraux ; — *loyer*, le louage du travail ou du service ; — *bail à cheptel*, celui des animaux dont le profit se partage entre le propriétaire et celui à qui il les confie. — Les *devis*, *marchés* ou *prix fait*, pour l'entreprise d'un ouvrage moyennant un prix déterminé, sont aussi un louage, lorsque la matière est fournie par celui pour qui l'ouvrage est fait. — Ces trois dernières espèces ont des règles particulières.

Les baux des biens nationaux, des biens des communes et des établissements publics, sont soumis à des règlements particuliers.

On peut louer toutes sortes de biens meubles ou immeubles.

Le bailleur est celui qui consent la location, et le preneur celui qui prend à bail ou location ;

L'acte ou l'écrit constituant le contrat de louage s'appelle bail, il se fait ou par acte sous signatures privées ou par acte notarié.

On appelle locations verbales toutes les locations faites sans écrit ; elles sont soumises quant à leurs conditions à l'usage des lieux, c'est-à-dire aux usages adoptés dans la contrée ou le lieu de situation de l'objet ou de la chose louée ; ces usages varient quelquefois dans un même département.

Les baux et les locations verbales sont soumis à un impôt de 20 centimes plus les décimes, par cent francs de loyer calculé sur les années cumulées de la durée des baux et locations.

Les locations doivent, à peine d'amende, être déclarées dans les trois mois par le bailleur au receveur chargé de de percevoir l'impôt d'enregistrement.

DES CONVENTIONS MATRIMONIALES

Le contrat de mariage renferme les conventions ayant pour but de régler les intérêts pécuniaires des

---

époux entre eux ou leurs représentants et héritiers.

Il est tout à fait distinct de l'acte de mariage, qui est passé devant l'officier de l'état civil, comme nous l'avons vu plus haut, et avec lequel il ne faut pas le confondre.

Le contrat de mariage doit être rédigé par un notaire et signé avant la célébration du mariage devant l'officier de l'état civil. Il ne peut être modifié après cette célébration ; il dure tant que dure le mariage et ne cesse de valoir qu'à la mort de l'un des époux, sauf le cas de séparation de biens prononcée en justice.

Code civil. — La loi ne régit l'association conjugale, quant aux biens, qu'à défaut de conventions spéciales, que les époux peuvent faire comme ils le jugent à propos, pourvu qu'elles ne soient pas contraires aux bonnes mœurs et aux dispositions du code sur la puissance maritale, la puissance paternelle, la minorité, l'émancipation et à l'ordre des successions.

A défaut de stipulations spéciales qui dérogent au régime de la communauté ou le modifient, les règles établies dans la première partie du chapitre ii formeront le droit commun de la France.

Le régime matrimonial auquel se réfère le Code à défaut de conventions spéciales, est le régime de la communauté légale.

Dans ce régime tout ce que les époux apportent en mariage et tout ce qui leur advient pendant le mariage tombe dans la communauté et appartient pour moitié à chacun des époux à la dissolution de la communauté.

Pendant le mariage, le mari administre les biens de la communauté. — La femme ne peut disposer d'aucun de ces biens sans le consentement de son mari.

Les modes les plus généralement suivis pour les conventions matrimoniales par contrat de mariage sont les deux suivants :

1° L'adoption du régime de la communauté avec réserve au profit de chaque époux à titre de propre des biens qu'il apporte en mariage ou qui lui sont constitués en dot et de tous ceux qui lui arrivent pendant le mariage par successions, donations et legs.

Le mari pendant le mariage est le chef de la communauté, il a le droit le plus absolu de disposer des biens qui en dépendent, mais il est responsable jusqu'à épuisement de son avoir personnel, vis-à-vis de sa femme et de ses représentants de tous les biens propres et personnels de cette dernière.

Sur l'actif de cette communauté chaque époux ou ses représentants prélève, lors de sa dissolution, ce qui lui appartient personnellement et venant de son apport en dot et des successions, donations et legs par lui recueillis ; l'excédent se partage par moitié.

Les prélèvements exercés par chaque époux sur la communauté s'appellent des reprises ; celles de la femme sont privilégiées et peuvent s'exercer en cas d'insuffisance de la communauté, sur l'actif personnel du mari, s'il y a lieu.

2° Le régime dotal dont le caractère principal, mais rigoureux, est l'inaliénabilité des biens de la femme déclarés dotaux.

Toutefois les époux dans le contrat de mariage apportent presque toujours quelques modifications qui adoucissent la rigueur du régime dotal pur et simple, soit en affranchissant de dotalité une partie des biens de la femme, en permettant l'aliénation des mêmes biens, mais à la charge expresse d'en réemployer le prix au nom de la femme en

---

Quels sont les deux modes les plus généralement suivis pour le contrat de mariage ?

biens et valeurs déterminés au contrat ou par la loi, et enfin en établissant entre les époux une société d'acquêts composée des gains et économies faits pendant le mariage et dont l'ensemble appartient par moitié à chaque époux.

DES CONTRATS DE SOCIÉTÉ

Les contrats de société sont les contrats par lesquels deux ou plusieurs personnes conviennent de mettre quelque chose en commun et de l'exploiter dans le but de partager le bénéfice qui pourra en résulter.

Tout contrat de société doit être rédigé par écrit, avoir un objet licite et être contracté dans l'intérêt commun des parties. Chaque associé doit apporter à la société ou de l'argent, ou d'autres biens, ou son industrie.

On distingue deux espèces principales de sociétés :

Les sociétés civiles, dont le but est de partager les revenus produits le plus généralement par des droits immobiliers ou des immeubles, et ne comportant aucune opération de commerce ;

Et les sociétés commerciales, ayant trait à toutes les opérations de banque, de finance, de négoce, ou d'industrie.

DE L'ÉCONOMIE POLITIQUE

L'économie politique traite de la richesse des nations.

Cette science se compose de l'ensemble des lois suivant lesquelles les richesses sont :

> Produites,
> Distribuées,
> Échangées,
> Consommées.

Qu'est-ce que les contrats de société ? — Quelles sont les deux espèces principales de sociétés ? — De quoi traite l'économie politique ? — De quoi se compose cette science ?

Le but des économistes est de trouver et d'enseigner ce qu'il faut faire pour diminuer autant que possible le nombre des pauvres, en facilitant l'essor de l'agriculture, du commerce, de l'industrie, et en établissant les règles d'un salaire juste et suffisamment rémunérateur.

De même que la chimie nous montre les substances utiles et leurs qualités, que la mécanique nous apprend à utiliser les forces produites, que la physique et l'astronomie guident le navigateur, de même l'économie politique montre à l'homme d'État les ressources de son pays et le moyen d'en tirer le parti le plus avantageux.

DES RICHESSES ET DE LEURS QUALITÉS

Les richesses sont les choses :

> Transmissibles,
>
> Limitées en quantité,
>
> Utiles, { Soit à procurer un plaisir,
> { Soit à éviter une peine.

Ainsi : les terres, les marchandises, les produits de l'industrie, les œuvres de l'esprit.

Elles doivent être transmissibles, parce qu'il faut que nous puissions nous en dessaisir et en faire profiter autrui.

Elles doivent être limitées, parce qu'une chose n'est rare qu'autant qu'elle est limitée en quantité, et qu'elle n'a de prix qu'autant qu'elle est rare. Ainsi l'air n'étant pas rare n'a pas de valeur sur la terre, tandis qu'un diamant a une grande valeur.

Elles doivent être utiles, parce qu'une chose qui ne procurerait pas de plaisir à son possesseur, ou ne pourrait lui éviter une peine, ne peut être désirée, et ne peut pas par

---

Qu'est-ce que les richesses ?

conséquent être échangée. Nous avons une grande quantité de besoins (air, nourriture, vêtement, logement, littérature, objets d'ornement et de plaisir), qu'il nous faut satisfaire successivement et qui se font d'autant plus vivement sentir que la civilisation est plus développée.

Mais si une chose existe en si grande abondance que les habitants du même pays sont incapables de consommer assez de cette chose pour la rendre rare, elle baisse de prix. Ainsi un bœuf dans les plaines de l'Amérique du Sud, où les troupeaux sont innombrables, où les pâturages sont immenses, où les habitants sont rares, n'a-t-il pas une valeur appréciable; tandis qu'en France, où les habitants sont très nombreux, les pâturages rares et coûteux, il acquiert une grande valeur.

Mais nous ne devons consommer que pour satisfaire nos besoins.

Le prodigue, qui consomme sans besoin, dissipe ses richesses; il détruit ce qu'il aurait pu économiser ou échanger.

L'avare est aussi blâmable; car il amasse des richesses dont il pourrait tirer parti, et prive ses concitoyens et lui-même de leur utilité.

COMMENT SONT PRODUITES LES RICHESSES

Il y a trois instruments de production de la richesse; la terre, le travail, le capital.

Pour produire la richesse, les trois choses se réunissent; le travail s'applique à la terre, et le capital vient en aide au travailleur.

Quels sont les trois instruments de production de la richesse?

Notre nourriture se trouve généralement à la surface de la terre ; comme les plantes, les grains, le bétail. Nos vêtements viennent des plantes et des animaux ; les fleuves et les océans fournissent certains aliments, comme le poisson, certaines richesses, comme l'huile et les os de baleine ; les métaux viennent des mines que l'homme creuse dans la terre.

Mais ces richesses ne nous servent pas telles que la terre nous les donne. Il faut que l'homme laboure, sème les grains soigne les animaux, tisse le chanvre ou le lin, pêche le poisson, creuse les mines.

Cependant pour pouvoir produire beaucoup de richesses, il faut que l'homme puisse attendre que les grains qu'il a semés soient mûrs, que le lin ou le chanvre soient devenus de la toile, que le minerai soit un couteau, un soc ou une machine ; il lui faut le capital.

DU CAPITAL

Le capital est ce qui reste à l'homme de grains après qu'il a ensemencé toutes ses terres, de chanvre ou de laine après qu'il s'est vêtu, de viande, après qu'il s'est nourri, de fer après qu'il s'est pourvu d'instruments nécessaires à son travail, en un mot c'est ce qu'il a en trop pour sa consommation immédiate.

Aussi le but de l'homme est-il de rendre le travail aussi productif que possible afin d'avoir un excédent de produit.

Il faut donc travailler :

Au bon moment,

Au bon endroit,

De la bonne manière.

Qu'est-ce que le capital ?

Il serait en effet maladroit de couper du bois quand la moisson presse, car le bois peut être coupé en hiver, tandis qu'il serait trop tard de récolter la moisson en cette saison.

Il faut aussi que chaque espèce de travail soit fait à la place qui lui convient le mieux, et il serait inutile de planter des orangers dans les campagnes du nord de la France ou de semer des grains sur les rochers.

Il faut enfin que l'homme travaille le mieux qu'il peut. Dans ce but il s'aide de la science et de la division du travail.

DU ROLE DE LA SCIENCE ET DE LA DIVISION DU TRAVAIL

C'est à la science que l'homme doit la charrue, la machine à vapeur, tous les instruments qui augmentent la puissance et la rapidité de son travail.

Quant à la division du travail, elle se trouve chez les nations civilisées. Dans les familles patriarcales des sociétés primitives, le chef de famille et les siens suffisent par leur travail aux besoins de la tribu.

Dans les grandes sociétés modernes, il est impossible que chacun puisse satisfaire tous ses besoins sans emprunter l'aide d'autrui, sans échanger des services ; mais aussi l'avantage de la division du travail est de permettre à chacun de faire mieux et plus vite le travail qu'il a choisi pour en faire sa profession.

A ce point de vue élevé, l'homme, qui est un être éminemment social ne peut vivre dans les grandes sociétés modernes sans se soumettre à cette loi de la division du travail.

Qu'est-ce que l'homme doit à la science ? — Dans les grandes sociétés modernes est-il possible de se passer de l'aide d'autrui ?

L'économiste Bastiat, dans une page admirable, exprime ainsi cette idée : « Prenons un homme appartenant à une classe modeste de la société, un menuisier de village, par exemple, et observons tous les services qu'il rend à la société et tous ceux qu'il en reçoit. Nous ne tardons pas à être frappés de l'énorme disproportion apparente. — Cet homme passe sa journée à raboter des planches, à fabriquer des tables et des armoires, il se plaint de sa condition, et cependant que reçoit-il, en réalité de cette société en échange de son travail ?

« D'abord tous les jours en se levant, il s'habille et il n'a personnellement fait aucune des nombreuses pièces de son vêtement. Or pour que ces vêtements, tout simples qu'ils sont, soient à sa disposition, il faut qu'une énorme quantité de travail, d'industrie, de transport, d'inventions ingénieuses, ait été accomplie. Il faut que des Américains aient produit du coton, des Indiens de l'indigo, des Français de la laine et du lin, des Brésiliens du cuir ; que tous ces matériaux aient été transportés en des villes diverses, qu'ils y aient été ouvrés, filés, tissés, teints, etc.

« Enfin il déjeûne. Pour que le pain qu'il mange lui arrive tous les matins, il faut que des terres aient été défrichées, closes, labourées, fumées, ensemencées ; il faut qu'une certaine sécurité ait régné au milieu d'une innombrable multitude ; il faut que le froment ait été récolté, broyé, pétri, et préparé.

« Cet homme ne passera pas sa journée sans employer un peu de sucre, un peu d'huile, sans se servir de quelques ustensiles.

« Il enverra son fils à l'école pour y recevoir une instruction qui, quoique bornée, n'en suppose pas moins des recherches, des études antérieures, des connaissances dont l'imagination est effrayée.

« Il sort, il trouve une rue pavée et éclairée, etc.

« Il est impossible de n'être pas frappé de la disproportion vraiment incommensurable qui existe entre les satisfactions que cet homme puise dans la société et celles qu'il pourrait se donner s'il était réduit à ses propres forces. J'ose dire que, dans une seule journée, il consomme plus de choses qu'il ne pourrait en produire lui-même dans dix siècles. »

(Œuvres de Bastiat, tome VI.)

Mais la division du travail s'impose encore au producteur intelligent dans la profession même qu'il a choisie.

En effet l'ouvrier qui ne fait qu'un même travail, le fait d'une façon plus habile ; c'est ainsi qu'un enfant élevé dans le métier de cloutier arrive à faire 2300 clous dans sa journée, tandis qu'un homme ne peut en faire que 800 s'il n'est pas exercé.

De plus l'ouvrier qui ne fait que le même travail évite la perte de temps, qui se fait d'ordinaire lorsqu'on passe d'un travail à un autre.

Enfin la division du travail favorise l'invention d'un grand nombre de machines qui facilitent et abrègent le travail. On trouve dans la vie de James Watt un exemple frappant de cette règle. Lorsqu'il était enfant, il avait pour mission d'ouvrir et de fermer alternativement deux robinets par lesquels s'échappait la vapeur qui soulevait le piston d'une des premières machines à vapeur. Il eut l'idée de réunir par une ficelle les deux robinets et de lier cette ficelle à la tige du piston. Celle-ci s'élevant et s'abaissant, fermait alors les deux robinets par un mouvement automatique, plus régulier que le travail de l'enfant dont il supprimait l'emploi.

Qu'arrive-t-il quand un ouvrier ne fait qu'un même travail ?

DES AVANTAGES DE LA DIVISION DU TRAVAIL

Plusieurs avantages résultent de la division du travail :

Le premier avantage est la multiplication du travail. C'est ainsi que procèdent les voyageurs qui traversent par bandes des contrées inconnues. — Ils se partagent entre eux la besogne. Au moment de camper, les uns allument le feu pour préparer la nourriture, d'autres soignent les chevaux, d'autres chassent ou ramassent des fruits. Si chacun d'eux devait allumer son feu, il lui serait impossible de soigner son cheval et de se procurer du gibier ou des fruits en même temps.

Le second avantage, c'est la multiplication des copies. — Il se révèle surtout dans l'industrie ; ainsi il est très long de faire la composition des casiers d'imprimerie destinés à l'impression d'un livre, mais un imprimeur peut, une fois cette besogne faite, produire plusieurs mille fois le même livre en très peu de temps.

Le troisième avantage est l'adaptation personnelle. Chaque individu, grâce à la division du travail, peut choisir la profession qui convient le mieux à ses aptitudes et à ses goûts. L'homme fort se fait forgeron, tandis que celui qui est plus faible préfère le métier de tisserand ; l'homme habile peut choisir l'horlogerie, tandis que l'ignorant s'emploie à casser des pierres. Ce serait de l'habileté perdue pour la société si un artisan habile cassait des pierres.

Le quatrième avantage est l'adaptation locale. Cet avantage satisfait à cette règle que le travail, pour être utile, doit être fait là où il est le plus productif ; ainsi les

---

Énumérez les avantages de la division du travail.

fonderies se trouvent généralement dans le voisinage des mines.

Le cinquième avantage est la combinaison du travail. — Chaque produit comprend un nombre considérable d'opérations que chaque homme ne peut exécuter sans le concours de divers métiers dont l'ensemble constitue la société. — Ainsi une étoffe suppose les agriculteurs qui préparent la terre, sèment et récoltent le chanvre; des tisseurs qui font rouir la tige, la broient, tissent les fils ; la charrue du laboureur est due aux mineurs qui creusent la terre, extraient le minerai, aux fondeurs qui coulent le métal, aux forgerons qui l'apprêtent, aux mécaniciens qui l'emploient, aux ingénieurs qui font les plans.

Toutefois la division du travail ne saurait être infinie, car elle a l'inconvénient de rendre le travail aussi machinal que facile et de favoriser la négligence et la paresse de l'ouvrier qui se repose sur son habileté et son habitude.

Une dernière règle du travail est la liberté. L'ouvrier doit être libre d'exercer la profession qu'il lui plaît, de la quitter quand il en trouve une autre plus convenable, de demander pour son travail le salaire qu'il veut, qu'il soit plus cher ou plus bas que celui de son voisin ; toutefois cette liberté est limitée par la loi naturelle de l'offre et de la demande.

LE CAPITAL

Le capital se définit ainsi : c'est une richesse qui aide à produire une richesse nouvelle.

Ce n'est pas seulement une provision économisée et sur laquelle le possesseur vit, c'est une richesse capable de produire au moyen d'un travail qu'on y applique. Les outils,

---

Comment se définit le capital ?

les instruments, les machines sont des capitaux, de même que les marchandises et les métaux monnayés.

Il y a deux sortes de capitaux.

Le capital fixe, machines, navires, outils, docks, voitures ; toutes ces choses justifient leur classification parce qu'elles sont de longue durée entre les mains de leur propriétaire.

Le capital circulant, vêtements, provisions, combustibles ; toutes ces choses se consomment rapidement et se renouvellent par suite d'un nouveau travail du propriétaire.

Le capital est le résultat de l'épargne et de la privation. Son importance varie suivant la civilisation des pays où on le considère. Pour un sauvage ce sont son arc et ses flèches, pour un grand manufacturier ce sont son usine, ses machines, les stocks des matières premières, les produits de son industrie.

DISTRIBUTION DE LA RICHESSE

La richesse qui est produite par le concours des trois éléments de production, la terre, le capital, et le travail se partage entre eux. Toute richesse se compose donc de la part du travailleur ou salaire, de celle du propriétaire de la terre, ou rente, et de celle du capitaliste ou intérêt. Toutefois il faut ajouter une quatrième part, celle du gouvernement, ou impôt ; elle se justifie par les services que rend l'État en protégeant la propriété de tous et en entretenant certains services d'utilité publique (routes, canaux, armée, postes, instruction publique, etc.)

Le produit brut se compose de ces quatre éléments réunis.

Quels sont les deux sortes de capitaux ? — Par le concours de quels éléments est produite la richesse ?

Le produit net est la part qui revient à l'entrepreneur du travail, déduction faite des impôts et de la part qui revient aux autres éléments de la production, qui l'ont aidé.

PART DU TRAVAILLEUR

Le salaire de l'ouvrier est ce qui paye sa peine. Pour être équitablement rémunérateur, il doit comprendre en outre la part d'intérêt qui revient à l'ouvrier pour les outils qu'il emploie et qui lui appartiennent.

Quant à la différence des salaires entre les différentes professions, elle s'explique par l'habileté exigée de l'ouvrier qui s'y destine, par la difficulté ou le danger de cette profession.

PART DU PROPRIÉTAIRE DE LA TERRE

La rente est ce qui est payé pour l'usage quelconque d'un agent naturel : champ, mine, maison, etc.

PART DU CAPITALISTE

La part du capitaliste se compose de trois parties : la première paye le capitaliste du soin qu'il donne personnellement à l'affaire qu'il dirige, elle varie suivant sa valeur et son activité ; une autre partie correspond à l'intérêt de l'argent qu'il a engagé ; la troisième se compose d'une somme destinée à l'assurer contre les risques de perte qu'il encourt en faisant son opération.

Qu'est-ce que le salaire de l'ouvrier? — Qu'est-ce que la rente ? — De quoi se compose la part du capitaliste ?

DE L'ÉTABLISSEMENT DES SALAIRES

La loi de l'offre et de la demande, qui est une des plus importantes de celles qui composent l'économie politique, régit les salaires.

On peut la formuler ainsi : quand deux ouvriers courent après un patron les salaires diminuent ; quand deux patrons courent après un ouvrier les salaires augmentent.

De même lorsque les vendeurs sont plus nombreux que les acheteurs le prix des denrées diminue sur le marché, de même il augmente lorsque les acheteurs sont plus nombreux que les vendeurs.

Aussi dans un même métier l'égalité se fait-elle assez vite dans les salaires, car les ouvriers les moins payés quittent leurs patrons et recherchent des places mieux rétribuées; les patrons délaissés haussent alors les salaires pour retenir les ouvriers chez eux, de même les ouvriers dont les prétentions sont exagérées ne trouvant pas de travail sont obligés de diminuer leurs exigences pour trouver un emploi.

DE LA TERRE

De même que le travail donne un produit, la terre rapporte à son possesseur une rente qui est ce qui reste au propriétaire, déduction faite de l'impôt, des semences, des engrais et des frais de culture et de main-d'œuvre (ouvriers, instruments et bestiaux).

Comment peut-on formuler la loi de l'offre et de la demande au sujet des salaires? — Que rapporte la terre à son possesseur ?

A l'occasion de la terre, il s'est élevé une grande discussion entre les économistes. Les uns, qui se sont appelés socialistes, ont prétendu rapporter tout à l'État et constituer la société propriétaire de tous les biens des particuliers, ceux-ci ne devaient avoir que la jouissance. Les autres ont maintenu pour chacun le droit de posséder une portion du territoire national et de le léguer à ses descendants ou ses héritiers.

Les socialistes prétendent que la propriété c'est le vol. Ils entendent exprimer ainsi cette idée, qu'à l'origine, les premiers habitants de la terre arrivant dans des pays déserts possédaient en commun une portion de terre sur laquelle vivait la famille patriarcale ; mais par suite de l'accroissement du nombre des familles et des individus qui les composaient, il est arrivé que quelques individus plus forts que les autres ont soutenu par la force la volonté qu'ils avaient d'occuper une partie déterminée de terre, plus fertile ou plus agréable, et en ont chassé les autres. C'est ainsi que s'est constitué la propriété, et c'est disent-ils un vol. Il y a là à leurs yeux une anomalie qui doit cesser.

Cette théorie est spécieuse : les terres qui composaient ces pays déserts ne pouvaient être volées n'ayant encore appartenu à personne. Il est juste qu'elles soient devenues la propriété du premier homme qui les occupait avec l'intention de les faire siennes.

Mais à côté de la question de fait, il y a une question morale du plus haut intérêt. Supprimer la propriété, c'est supprimer du même coup l'hérédité et la famille, c'est détruire la société.

A la famille se rattachent les idées du patrimoine commun, du foyer, du nom qui se perpétue dans les descendants, dans les lieux où vivaient les ancêtres.

C'est aussi et surtout supprimer la société, en anéantissant le sentiment de l'activité humaine. L'homme travaille pour vivre, il travaille encore plus pour faire vivre les siens, pour économiser un patrimoine qui le mette à l'abri, ainsi que les siens, du besoin dans sa vieillesse, et qui puisse aussi faciliter les débuts de ses enfants dans la vie, à ce moment où les besoins sont plus grands et la capacité moindre. Il est impossible d'admettre que l'œuvre personnelle d'un homme puisse profiter à des gens qu'il ne connaît pas et qui ne lui sauront aucun gré de son travail, tandis que ceux qui lui sont chers se trouveront dans le besoin.

Défendre à l'homme de pouvoir travailler pour lui et pour ses enfants, c'est l'encourager à la paresse. Le socialiste Fourier avait cru vaincre cette objection en faisant reposer sa théorie du travail sur l'attrait du plaisir, chacun, selon lui, ferait ce qui lui serait agréable, mais le remède est bien peu efficace. Il y aurait plus de gens qui auraient plaisir à flâner ou à mendier qu'il n'y en aurait qui s'adonneraient par plaisir à un travail opiniâtre et rebutant.

On a donné le nom de communistes aux partisans du partage égal des biens. Cette doctrine est naturellement prêchée par ceux qui n'ont rien et surtout qui ne font rien. Supposons qu'on fasse ce partage le 1ᵉʳ janvier, les mauvais sujets auront dépensé leur part avant le 1ᵉʳ février suivant. Faudra-t-il que les ouvriers courageux et économes partagent de nouveau le fruit de leurs travaux et de leur bonne conduite, le pain de leur famille, avec des misérables qui le gaspilleraient le lendemain en débauches.

De tels systèmes répugnent à l'esprit et il est impossible d'ériger en théorie des systèmes qui tendent à détruire la société ; la nécessité de l'idée de propriété suffit à en démontrer la justice.

Qu'appelle-t-on communistes ?

L'AGRICULTURE

L'agriculture est l'art de cultiver les champs et de les rendre fertiles. Elle est la plus importante des industries par le rôle qu'elle joue et la place qu'elle tient dans les sociétés humaines, elle est la base de la prospérité matérielle des nations civilisées.

L'agriculture est encouragée en France; le gouvernement a fait des efforts constants pour l'amener à augmenter ses produits par l'institution d'un ministère spécial, des comices agricoles, des sociétés agricoles, des revues, des banques agricoles, des primes et des récompenses données à l'agriculture, des fermes modèles, des travaux de drainage, de reboisement, des travaux contre les inondations, etc.

Le ministre de l'Agriculture est chargé de veiller aux intérêts généraux de l'agriculture. A ne s'en tenir qu'aux praticiens d'élite, l'agronomie française a des représentants qui peuvent soutenir les luttes avec les autres peuples; mais pour que le bienfait des progrès obtenus soit réellement sensible à la nation, il faut que les procédés des agronomes instruits se répandent dans la masse des cultivateurs. Sans l'action dirigeante du propriétaire, armé de son savoir, de son capital et fortifié par la pensée d'une mission sociale, l'agriculture souffrirait en France.

L'ouvrier des champs est le moins à plaindre des travailleurs. Il travaille à l'air pur, au soleil, loin des cabarets, au lieu de passer sa vie dans un atelier, privé de l'air du dehors, empesté souvent par les produits spéciaux de la fabrique, et dans un milieu de corruption physique et morale. Il ne vit pas dans un monde où trop souvent les

---

Qu'est-ce que l'agriculture ? — Qui est chargé de veiller aux intérêts généraux de l'agriculture ?

principes en honneur sont de dépenser en un jour l'argent
gagné dans une semaine, quand même, au logis, la mère et
les enfants mourraient de faim. Pendant que ces ouvriers
immoraux, malheureux et insensés, végètent dans une misère méritée, l'ouvrier des campagnes travaille avec courage
et gaieté pour sa femme et pour ses enfants bien-aimés ;
il conserve la paix et la santé dans la famille ; à force de
bonne conduite, il place ses économies, et arrive fréquem-
ment à être propriétaire à son tour.

Généralement l'ouvrier des champs est robuste,
ses enfants sont des soldats d'élite pour la vigueur,
tandis que les enfants des ouvriers travaillant dans
les fabriques, tout aussi courageux que les premiers
et plus agiles peut-être, sont moins forts et moins
grands.

L'INDUSTRIE

L'industrie est un élément précieux de la vie sociale ; elle
est la science par laquelle l'homme approprie des matières
premières à des usages qui varient selon les temps et les
pays. L'Angleterre est fort avancée dans les sciences industrielles et la multitude de leurs produits.

J.-B. Say a défini l'industrie : l'action des forces physiques et morales de l'homme appliquées à la production.

L'industrie a pour but d'utiliser le travail des
ouvriers et des machines.

C'est du règne de Henri IV que datent en France
les premiers encouragements accordés à l'industrie.
Sully fit établir les premières manufactures. Le génie de
Colbert vint, sous le règne de Louis XIV, donner un essor

---

nouveau et puissant à cette cause si active de richesse. De grands centres d'industrie furent créés; des manufactures de toutes sortes furent organisées; et tout obéissait à cette forte impulsion, quand les guerres malheureuses de la fin de son règne et le règne tout entier de Louis XV vinrent, sinon arrêter, du moins diminuer l'activité de ce mouvement.

Les conditions du produit industriel sont : le capital qui fait les avances de fonds ; la science, qui apporte ses découvertes; la main-d'œuvre, qui exécute.

Si le propriétaire du capital l'exploite lui-même ou le fait exploiter sous sa direction, ce qu'il produit s'appelle bénéfice. S'il le confie à un tiers pour le mettre en circulation, la part du bénéfice que lui donne ce dernier s'appelle intérêt.

Que l'on consacre à une affaire industrielle 100 000 francs et un bâtiment de 60 000 francs; qu'on mette à la tête de l'opération un savant ingénieur, et qu'on place cinquante ouvriers sous ses ordres : ce que l'on a avancé est le capital, l'ingénieur représente la science, les ouvriers sont la main-d'œuvre.

L'OUVRIER

J.-B. Say définit l'ouvrier celui qui loue sa capacité industrielle et qui, par conséquent, renonce à ses profits industriels pour un salaire. Le sort de cette classe si nombreuse et si utile occupe et intéresse aujourd'hui tous les hommes politiques, les économistes, les amis de l'humanité.

Disons toutefois avec bonheur que l'amélioration du sort des classes ouvrières est commencée ; mais elle n'est pas

---

Quelles sont les conditions du travail industriel ? — Comment peut-on définir l'ouvrier ?

avancée. La condition spéciale des ouvriers français au
xixe siècle, comparée à leur sort pendant les siècles précédents, lui est supérieure en ce que parmi eux le bien-
être matériel, la puissance politique, la libre disposition
d'eux-mêmes, l'instruction élémentaire, l'abondance du
travail sont en progrès.

**On appelle chômage l'espace de temps pendant le-
quel l'ouvrage manque à l'ouvrier.** Le chômage est
une des plaies de l'industrie et de l'ouvrier honnête,
quoique ses économies lui rendent ce malheur moins pé-
nible qu'à l'ouvrier débauché.

**Le prix de revient est le prix que les objets fabri-
qués coûtent au fabricant.**

LE SALAIRE

**Par le mot salaire on entend le prix du travail
journalier de l'ouvrier.**

Le salaire est apparent ou réel.

**Le salaire apparent est la somme d'argent que
chaque ouvrier reçoit. Le salaire réel comprend ce
qu'il peut se procurer avec cet argent.**

Un ouvrier qui reçoit 5 francs (salaire apparent) par jour
dans un pays où la vie est très bon marché, a un salaire
réel plus considérable que celui qui reçoit 5 francs par
jour dans un pays où la vie est extrêmement chère.

**Le salaire est rémunérateur lorsque le salaire suffit à
entretenir l'ouvrier, lui permet de renouveler son capital
(outils) et de mettre de côté une somme suffisante à le garantir des accidents ou de la vieillesse.**

L'économie industrielle, contrainte de subordonner tout au calcul des produits, n'envisage dans le salaire que le prix du moment pour la main-d'œuvre qu'elle emploie, et naturellement ce prix est plus ou moins élevé selon le travail à exécuter et selon le nombre plus ou moins grand d'ouvriers disponibles.

Est-il toujours possible au fabricant d'augmenter le salaire des ouvriers ? Non, cela n'est pas toujours possible, car l'augmentation du salaire augmente le prix de revient et par conséquent le prix de vente. Or si le prix de vente des fabricants français est plus élevé sur le marché que celui des fabricants anglais par exemple, à qualité égale la préférence sera donnée à ces derniers, et les fabricants français, ne vendant pas leurs produits, seront contraints de congédier leurs ouvriers. Il vaut mieux travailler avec un salaire non augmenté que d'obtenir une imprudente augmentation qui amène l'impossibilité pour le fabricant de continuer ses opérations, d'où résulterait pour l'ouvrier un cruel chômage.

Mais au moins ne serait-il pas possible de diminuer le nombre d'heures du travail journalier ? Hélas ! non, cela n'est guère possible. Sans doute tel corps d'état qui ne travaille que pour le pays, sans crainte de concurrence au dehors, comme les charpentiers, menuisiers, pourra obtenir une diminution d'heures, mais il n'en sera pas ainsi pour les fabricants ou industriels proprement dits. En effet si le prix de la journée restant le même, vous ôtez une heure au travail, il en résulte que, pour le même salaire, vous produisez moins ; vous augmentez donc le prix de revient et, par conséquent le prix de vente, ce qui paralyse aussitôt les achats devant les prix inférieurs de l'étranger. Il y a donc à faire ici le même raisonnement que pour l'augmentation de salaire.

LES GRÈVES

Les grèves ont lieu quand les ouvriers d'une industrie se coalisent afin de refuser le travail.

C'est un des moyens dont ils se servent pour obtenir une élévation de salaire. Tous les ouvriers qui composent l'association syndicale ou la corporation refusent en même temps de travailler chez tous les patrons d'une ville ou chez un certain nombre d'entre eux mis à l'index afin d'obtenir de ceux-ci des conditions nouvelles de salaire et de travail.

La loi française sur les grèves a pour but de sauvegarder les intérêts légitimes des ouvriers et des patrons en punissant toute tentative de grève injuste, toute violence ou pression exercée sur les ouvriers qui préfèrent travailler quand leurs compagnons sont en grève, et aussi toute manœuvre abusive des patrons pour obtenir de leurs ouvriers des abaissements de salaire injustes.

Code pénal. — Sera puni d'un emprisonnement de six jours à trois ans, et d'une amende de seize francs à trois mille francs ou de l'une de ces deux peines seulement, quiconque, à l'aide de violences, voies de fait, menaces ou manœuvres frauduleuses, aura amené ou maintenu, tenté d'amener ou de maintenir une cessation concertée de travail, dans le but de forcer la hausse ou la baisse des salaires ou de porter atteinte au libre exercice de l'industrie ou du travail.

Seront punis d'un emprisonnement de six jours à trois mois, et d'une amende de seize francs à trois cents francs, ou de l'une de ces deux peines seulement, tous ouvriers, patrons et entrepreneurs d'ouvrages qui, à l'aide d'amendes, défenses, proscriptions, interdictions prononcées par suite d'un plan concerté, auront porté atteinte au libre exercice de l'industrie ou du travail.

Qu'est-ce que les grèves ? — Quel est le but de la loi française sur les grèves ?

L'Angleterre, instruite par les tristes effets de la taxe des pauvres, a pensé que le meilleur moyen de soulager l'État du poids de l'assistance était de laisser aux ouvriers la liberté de se concerter sur leurs intérêts communs, à la condition de ne porter aucune atteinte à l'ordre public et de n'employer aucun moyen pour intimider ceux qui refuseraient d'entrer dans le concert. Le gouvernement ne se préoccupe que de l'ordre public, et, malgré les souffrances que causent ces réunions et associations à ceux qui en font partie, il laisse les ouvriers agir sous leur propre responsabilité, apprendre à s'occuper eux-mêmes de leurs intérêts et à connaître les conditions d'une vie libre. Les plus terribles enseignements ne leur ont pas manqué. S'ils étaient tentés de s'engager légèrement dans les périls de la grève, l'histoire des coalitions suffirait pour les ramener ou au moins pour leur donner les plus salutaires conseils. Il est surabondamment démontré par cette histoire, que les grèves sont aussi funestes aux ouvriers qu'aux patrons, même davantage, puisque ces derniers peuvent attendre pendant longtemps, tandis que les premiers, après quelques semaines au plus, ont épuisé leurs petites économies.

Si les grèves ont eu quelquefois des résultats avantageux, elles ont généralement les plus funestes conséquences.

Au point de vue national, elles facilitent l'emploi des produits étrangers fabriqués ou des ouvriers étrangers et créent ainsi des relations d'importation. Il en résulte encore une cause d'amoindrissement de la richesse nationale, car elles peuvent entraîner la ruine des patrons atteints par l'interdit.

Quel est l'effet des grèves au point de vue national ?

Au point de vue des ouvriers, elles sont toujours onéreuses, parfois ruineuses. Ceux qui ont des économies les mangent, ceux qui n'en ont pas s'endettent et ne peuvent jamais, malgré leur activité, combler la brèche qu'a creusé leur emprunt. Il arrive aussi que les ouvriers contractent pendant la grève des habitudes de paresse et d'ivrognerie, qui détruisent en eux le sentiment d'ordre et de devoir qui faisait d'eux d'excellents ouvriers. Il est certain que les ouvriers auraient plus d'avantage à réunir à leurs épargnes les cotisations qu'ils donnent pour soutenir les grèves.

Aux grèves des ouvriers, il arrive quelquefois que les patrons répondent aux grévistes par l'interdiction de leurs ateliers.

DES ASSOCIATIONS

Il y a trois principales catégories d'associations, bien différentes par leur but, qui réunissent les travailleurs. Ce sont:

Les associations syndicales, formées tantôt en vue des grèves, tantôt en vue des secours en cas d'accidents.

Les sociétés de secours mutuels qui sont d'excellentes institutions souvent dignes du plus grand intérêt. Les ouvriers qui en font partie reçoivent à domicile tous les soins que nécessitent leur vieillesse ou les infirmités qui leur sont survenues.

Les sociétés de production, de consommation ou de crédit qui sont aussi fort intéressantes.

Dans les sociétés de production des ouvriers s'associent pour exercer leur métier et se mettre directement en rapport avec l'acheteur. — Il se servent à eux-mêmes de patrons et d'employés.

Quel est l'effet des grèves au point de vue des ouvriers? — Quelles sont les principales catégories d'associations qui réunissent les travailleurs ?

Dans les sociétés de consommation, des ouvriers réunissent leurs pécules, achètent en gros les marchandises nécessaires à leur entretien et les partagent au prix coûtant. Ils évitent ainsi l'intermédiaire du détaillant et réalisent une économie sérieuse sur le coût de chaque chose.

Dans les sociétés de crédit il est constitué par des ouvriers un fonds de réserve auquel chacun peut emprunter jusqu'à concurrence d'une somme fixée en ne payant qu'un intérêt très minime. Ces associations ont pour but de créer un crédit dont les ouvriers ont besoin et développent chez eux l'idée de l'économie et de l'ordre.

Ces dernières institutions sont capables de rendre aux ouvriers les plus grands services, car le plus grand malheur de l'ouvrier est l'absence du sentiment de l'économie dont il a tant besoin pour s'assurer des ressources dans les jours de vieillesse ou de malheur, ou encore pour remplacer ses outils.

ÉCHANGE

Échanger c'est donner les choses dont nous n'avons pas besoin pour se procurer celles dont nous manquons. L'échange est un moyen d'accroître la richesse, et consiste donc à donner le superflu pour le nécessaire.

La loi de l'échange est déterminée par celle de la valeur des choses.

La valeur d'une chose varie suivant qu'on considère le service qu'elle peut rendre en l'employant ou la quantité de choses que l'on peut se procurer en l'échangeant.

Ainsi l'air pour une personne qui meurt par asphyxie a

Qu'est-ce qu'échanger ?

une grande valeur, et néanmoins une personne ne pourrait rien se procurer par échange en donnant du vent.

La première valeur est dite d'usage ou utilité, la seconde est la valeur d'échange.

La valeur d'échange est la proportion qui existe entre la quantité donnée de la chose superflue et la quantité acquise de la chose nécessaire.

Le prix est la quantité de monnaie donnée pour une chose.

LOI DE L'OFFRE ET DE LA DEMANDE

Le prix des choses varie suivant l'abondance des objets de même nature dans un même endroit.

Il est en effet naturel d'admettre que s'il y a trente fermiers voulant vendre du blé et dix meuniers désireux d'en acheter, le blé se vendra plus cher que s'il y avait cent fermiers et dix meuniers. — De même le blé sera plus cher lorsqu'il y aura vingt meuniers désirant acheter et deux fermiers décidés à vendre.

Cette loi est la même que pour les salaires des ouvriers; mais aussi lorsque le blé aura augmenté de valeur, le bruit s'en répandra chez les fermiers et ceux qui auront du blé à vendre, s'empresseront de profiter de cette hausse ; à ce moment le nombre d'acheteurs n'ayant pas augmenté, ceux-ci, ne craignant plus de ne pouvoir acheter du blé se montreront plus difficiles et baisseront leurs prix.

Cette loi explique les variations que subit la valeur d'une chose à différentes époques et comment, malgré ces variations, il est possible de fixer une valeur autour de laquelle se meuvent les variations. Ces variations

---

constituent le cours de la marchandise. Le prix moyen est celui qui se trouve situé à égale distance des variations les plus hautes et les plus basses.

On peut le définir en disant que c'est la valeur de la chose considérée au moment où la demande égale l'offre sur le marché.

Ces observations font comprendre qu'il serait faux de dire que les perles ont de la valeur parce qu'il faut plonger pour les avoir, et qu'il le serait également de dire qu'on plonge pour se les procurer parce qu'elles ont de la valeur.

La solution conforme à la loi économique est que les bijoutiers ne peuvent offrir que peu de perles, parce qu'il faut plonger pour les avoir, que la production étant lente, beaucoup de dames qui en désirent n'ont pu s'en procurer et que le nombre des demandes étant grand, la valeur est grande aussi et d'autant plus grande qu'il est plus long de satisfaire les demandes.

MONNAIE

Quand l'échange se fait en donnant une chose utile dont on a trop pour une chose utile dont on manque, il y a un troc.

Quand l'échange consiste dans la remise au vendeur d'une somme d'argent par l'acheteur, il y a vente et achat.

La monnaie a l'avantage d'être facilement divisible et de posséder une grande valeur sous un petit volume. De plus le vendeur qui reçoit de la monnaie peut faire un échange avec quelqu'un qui n'a aucune chose dont il a besoin ; le

---

Quand dans un échange y a-t-il troc? — Quand dans un échange y a-t-il vente et achat?

troc ne le permet pas, de plus il est facile au vendeur de se rendre compte de la quantité de choses qu'il pourra acquérir avec cette monnaie; dans ce cas la monnaie est mesure commune de valeur.

Une bonne monnaie doit donc avoir une grande valeur d'achat sous un petit volume, être facilement divisible, pouvoir recevoir une empreinte qui la distingue et fixe la valeur, enfin se détruire lentement. L'or et l'argent présentent ces qualités au plus haut degré.

CRÉDIT

Le crédit (croire, en latin *credere*) contient l'idée de confiance. Celui qui donne du crédit, — le créancier, — est celui qui prête une chose. Celui qui acquiert du crédit, — le débiteur, — est celui qui reçoit la chose prêtée.

Dans la plupart des cas le débiteur demandait et a reçu de l'argent, plutôt que des marchandises ou des objets quelconques, ou encore celui qui donne crédit livre une marchandise et fait crédit pour son prix.

Le crédit a l'immense avantage en économie politique de placer la fortune entre les mains de ceux qui la feront le mieux valoir. Ce résultat est surtout visible dans les sociétés industrielles ou commerciales pour les capitaux placés par les vieillards ou par les femmes.

Il y a différentes formes de prêt : le prêt réel ; le prêt sur gages ; le prêt personnel.

Quelles sont les qualités d'une bonne monnaie? — Qu'est-ce que le créancier? Qu'est-ce que le débiteur?

DU PRÊT RÉEL OU SUR HYPOTHÈQUE

Dans le prêt réel, le créancier prête de l'argent à une personne, qui donne comme garanties des propriétés immobilières, des terres, des maisons ; c'est le prêt sur hypothèque.

Ce prêt est généralement à longue échéance, le créancier ne se trouve remboursé qu'au bout d'un temps éloigné. La confiance qui est accordée par les créanciers dans ces sortes de prêts tient aux garanties dont la loi a entouré le système des hypothèques. Le prêt est constaté par un acte notarié, transcrit sur un registre public destiné spécialement à cet effet et tenu par un fonctionnaire appelé conservateur des hypothèques. Un immeuble peut être donné en gage à différents prêteurs, qui acceptent sur lui des hypothèques. Celles-ci ont entre elles un rang fixé par la date des inscriptions sur les registres du conservateur.

L'utilité de l'hypothèque et du rang attribué à chaque créancier se révèle lors de la vente de l'immeuble par le débiteur ou par un des créanciers, si le débiteur ne paye pas. Le prix est employé à payer intégralement chaque créancier hypothécaire suivant le rang de son inscription.

Cette sorte de prêt est pratiquée par de grands établissements de crédit, dont le plus important est le Crédit foncier de France.

Les formalités exigées par cette sorte de prêt et les lenteurs qui en résultent le rendent presque impossible dans le commerce. De plus les emprunteurs ne peuvent pas toujours donner des immeubles en garantie ; les commerçants et les industriels qui ne possèdent que les marchan-

---

Qu'est-ce que le prêt réel ?

dises de leurs magasins, les matières premières de leurs entrepôts ont dû recourir à une autre forme de crédit.

Cette seconde forme de crédit est le prêt sur gage ou nantissement. Il y a enfin une troisième forme de prêt qui s'appelle le prêt simple ou encore le crédit, dans laquelle le prêteur n'a comme garantie que la solvabilité et la bonne renommée de l'emprunteur.

DU PRÊT SUR GAGE OU NANTISSEMENT

Ce prêt est surtout pratiqué par les commerçants ou les industriels.

L'emprunteur dépose entre les mains du prêteur des objets ou des valeurs que celui-ci pourra vendre dans le cas où l'emprunteur ne pourrait se libérer à l'échéance du terme et sur le prix desquels il se payera. Toutefois il arrive que les valeurs ou objets ne sont pas reçus directement entre les mains du prêteur, mais se trouvent déposés dans la caisse d'un grand établissement public ou d'une banque. Ce dépôt se trouve constaté par un récépissé qui est remis au prêteur; celui-ci peut alors se faire remettre les objets qu'il a reçus en gage à l'expiration du terme en échange du récépissé et les faire vendre.

Code civil. Le gage confère au créancier le droit de se faire payer sur la chose qui en est l'objet, par privilège et préférence aux autres créanciers.

Le créancier ne peut, à défaut de payement, disposer du gage sauf à lui à faire ordonner en justice que ce gage lui demeurera en payement et jusqu'à due concurrence, d'après une estimation faite par experts, ou qu'il sera vendu aux enchères — Toute clause qui autoriserait le créancier à s'approprier le gage ou à en disposer sans les formalités ci-dessus, est nulle.

Comment se fait le prêt sur gage ou nantissement?

DU PRÊT PERSONNEL

Lorsqu'une personne a confiance dans un emprunteur dont elle connaît la solvabilité, celui-ci peut obtenir des prêts personnels sans donner au créancier une hypothèque ou un gage comme sûreté.

Il souscrit au profit du prêteur une reconnaissance de la dette, qui porte le nom de lettre de change, de billet à ordre, ou de chèque, suivant les cas.

Toutefois il faut remarquer que si l'emprunteur ne donne pas au créancier une hypothèque ni un gage ou une reconnaissance, il y a là un prêt de complaisance obtenu de l'amitié et non des relations d'affaires.

Du reste ce mode de prêt n'appartient pas à l'économie politique, il n'y a là en effet qu'un déplacement de richesse, il n'y a pas accroissement. L'emprunteur use de la chose prêtée comme l'eût fait le prêteur, tandis que pour les prêts du crédit économique le prêteur a entre les mains la représentation de la chose prêtée et peut s'en servir comme de la chose elle-même.

Toute somme confiée peut être stipulée productive d'intérêts, — qui sont payés généralement en argent.

L'intérêt de la lettre de change et du billet s'appelle escompte.

La loi a fixé le taux légal des intérêts à 5 0/0 par an pour les prêts faits entre simples particuliers et à 6 0/0 pour ceux que les négociants obtiennent à raison de leur commerce.

Dans quels cas obtient-on des prêts personnels? — Qu'est-ce que l'escompte? — Quel est le taux légal des intérêts pour les particuliers et quel est le taux légal pour le commerce?

Toute convention fixant un taux supérieur s'appelle usure et peut être réduite en justice. Le prêteur convaincu d'avoir habituellement commis le délit d'usure peut être puni d'une amende et tenu de restituer ce qu'il a reçu au delà du taux légal.

DE LA LETTRE DE CHANGE

La lettre de change est un écrit rédigé en forme solennelle (c'est-à-dire prescrite par la loi) dans lequel le souscripteur mande à une tierce personne de payer dans un autre lieu que celui ou la lettre de change est souscrite une certaine somme à une personne, au profit de qui la lettre est souscrite, en échange d'une valeur promise.

Le souscripteur s'appelle le tireur, celui au profit de qui elle est souscrite le preneur, celui auquel s'adresse l'ordre s'appelle le tiré.

La lettre de change peut toujours être cédée par le preneur ; le cessionnaire prend le nom de porteur.

La lettre de change doit sa naissance au contrat de change par lequel le tireur s'engage à faire toucher au preneur ou au porteur une somme déterminée dans une ville éloignée par les soins du tiré.

Si le tireur et le tiré étaient tous deux commerçants à Paris, si la lettre de change était souscrite à Paris, il n'y aurait pas une lettre de change mais un mandat de payer. Il faut que le tireur et le tiré habitent deux villes différentes au moment de la souscription de la lettre.

Qu'est-ce que l'usure ? — Qu'est-ce qu'une lettre de change ? — Qu'est-ce que le tireur, le preneur, le tiré ?

Une lettre de change doit être ainsi conçue :

<table>
<tr><td>

Paris, le 1er janvier 1885.

</td><td>

Bon Pour S^{es} 500

</td></tr>
<tr><td colspan="2">

Au 1er avril prochain, veuillez payer par cette lettre de change à l'ordre de Paul, la somme de cinq cents francs, *valeur reçue en marchandises.*

Signé : JULIEN.

</td></tr>
<tr><td colspan="2">A M. Étienne, négociant, à Lyon.</td></tr>
</table>

Julien est le tireur, Paul le preneur, Étienne le tiré.

La lettre de change rend plusieurs services, elle évite des déplacements de numéraire, qui sont difficiles et coûteux, elle sert à l'occasion de papier-monnaie, elle est aussi un moyen de crédit.

L'escompte est l'intérêt retenu par le banquier qui avance le montant d'une lettre de change ou d'un billet ; il se calcule d'après le nombre de jours qu'il y a à courir entre le moment où on vous remet l'argent et la date de l'échéance.

On appelle escompter un billet, payer un billet avant son échéance en faisant la retenue de l'escompte.

Toutefois les lettres de change doivent subir quelques autres retenues. Le droit de commission que perçoit le banquier et le change ou déplacement.

Le preneur d'une lettre de change peut la faire escompter par un banquier ou la donner en payement à un de ses fournisseurs.

Pour rendre le banquier ou le fournisseur propriétaire de la lettre de change, le preneur doit mettre au dos de la

---

lettre de change une mention établissant que le propriétaire actuel est le banquier ou le fournisseur auquel il la remet.

Cette mention s'inscrit au dos de la lettre de change et s'appelle un endossement (endosser, mettre au dos).

L'endossement est ainsi conçu :

Valeur passée à l'ordre de M. Bernard, banquier.

Paris, le   1885.

Signé : PAUL.

Bernard devient le porteur et Paul est l'endosseur de la lettre de change. — Si Bernard le faisait escompter à son tour par un autre banquier, il deviendrait un endosseur et le nouveau possesseur le porteur de la lettre.

Les lettres de change sont payables à jour fixe, à vue, ou a un délai de vue.

Le jour de l'échéance des lettres de change doit être observé très exactement.

Si la lettre n'est pas payée à son échéance, le porteur doit charger un huissier de dresser un acte de protêt faute de payement, le lendemain de l'échéance.

Il a alors recours contre le tiré, s'il a accepté la lettre, contre les endosseurs de qui il tient la lettre et contre le tireur. — Les endosseurs sont tous tenus de garantir au porteur le payement de la créance.

La lettre de change ainsi que le billet à ordre sont soumis à un droit de timbre proportionnel au montant de leur valeur.

DU BILLET A ORDRE

Le billet à ordre diffère peu de la lettre de change.
Le législateur a appliqué aux billets à ordre toutes les

Comment est conçu un endossement ? — Le jour de l'échéance d'une lettre de change doit-il être observé exactement ? — Le billet à ordre diffère-t-il beaucoup de la lettre de change ?

prescriptions qu'il a édictées pour la lettre de change relativement à l'échéance, à l'endossement, au protêt, aux droits et devoirs du porteur, à la garantie que lui donnent le tireur et les endosseurs.

Cependant, tandis que dans la lettre de change il y a un tireur, un porteur et un tiré, le billet à ordre ne suppose que l'intervention de deux personnes : le souscripteur et le bénéficiaire. Le souscripteur joue les deux rôles, de tireur et de tiré.

Le billet à ordre est généralement fait de la manière suivante :

> *Paris, le 1er janvier 1885.*   𝔅on 𝔓our F^{cs} 500
>
> *Au quinze mars prochain, je payerai à Paul ou à son ordre, la somme de cinq cents francs, valeur reçue en marchandises.*
>
> Signé : JULIEN,
> Rue de Rivoli, 64.

Paul est ici le bénéficiaire et Julien le souscripteur.

Le billet à ordre peut, à la différence de la lettre de change, être payé dans le lieu où il est souscrit.

DU CHÈQUE

Le chèque est un instrument de crédit d'invention anglaise, et qui n'est entré dans la législation française qu'en 1865.

Un commerçant a des fonds déposés chez son banquier et convient avec lui que ces fonds ne produiront qu'un intérêt assez faible, mais qu'il pourra les retirer quand il lui conviendra.

Donnez un modèle de billet à ordre.

Il reçoit alors du banquier deux carnets, l'un appelé carnet de comptes, l'autre carnet de chèques.

Le premier constate l'état des comptes, c'est-à-dire les sommes versées et celles qui ont été retirées.

Le second est un registre à souches : les talons constatent les sommes portées sur chacune des feuilles qui sont les chèques.

Le chèque est ainsi conçu :

Paris, le premier janvier 1885. 𝕭𝖔𝖓 𝕻𝖔𝖚𝖗 𝕾ᶜˢ 500

A vue, veuilles payer à mon ordre (ou à Paul), la somme de cinq cents francs, *dont vous débiterez mon compte.*

Signé : JULIEN.

A M. Bernard, banquier, 2, rue Laffite, à Paris.

Toutes ces énonciations sont fort importantes.

On comprend l'intérêt de l'exactitude des chiffres pour le compte.

Mais la date présente un grand intérêt ; le quantième du mois doit être écrit en toutes lettres. Le chèque ne peut être payé que pendant cinq jours à compter de la date, s'il est payable dans la ville où il est tiré, et huit jours s'il est payable dans une autre place.

Le chèque n'est soumis en France qu'à un droit de timbre uniforme de **dix centimes**, quelle que soit sa valeur.

Donnez un modèle de chèque. — A quel droit de timbre est soumis le chèque ?

BANQUIERS

Le rôle des banquiers est surtout d'escompter les effets de commerce.

Ils font ces escomptes avec leurs propres fonds et ceux qui leur sont déposés par leurs clients.

BANQUE DE FRANCE

Lorsque les banquiers ont besoin d'argent, ils ont recours à la Banque de France.

Créée par la loi du 24 germinal an XI, la Banque de France a aujourd'hui un capital de 182 500 000 francs, avec lequel elle fait un chiffre d'affaires énorme.

Il existe dans chaque département une succursale de la maison de Paris.

C'est une société anonyme privilégiée dont la principale mission est l'escompte des billets de commerce.

La sagesse de ses statuts en fait un instrument de crédit solide et puissant, et les billets qu'elle émet trouvent confiance jusque dans les pays étrangers.

Elle ne peut escompter que les effets revêtus de trois signatures : celles du tireur et de deux endosseurs; généralement celle du preneur qui a fait négocier le billet chez son banquier et celle du banquier qui négocie l'effet à la Banque, tandis que les banquiers admettent généralement les effets avec deux signatures.

De plus ces signatures doivent être bonnes. La Banque a organisé à cet effet dans ses bureaux un service spécial destiné à la renseigner sur la solvabilité des commerçants.

Quel est le rôle des banquiers ? — Qu'est-ce que la Banque de France et quelle est sa principale mission ? — Combien doit-elle exiger de signatures sur les effets qu'elle escompte ?

Les billets de la Banque de France sont payables
à vue et au porteur, elle a le monopole de leur émis-
sion en France.

Ils n'ont pas cours forcé, mais sont reçus sans aucune
difficulté dans le commerce.

Elle peut émettre des billets jusqu'à concurrence du
triple de son encaisse métallique ; elle paye ainsi les
billets qu'elle escompte et peut ne demander qu'un escompte très faible puisqu'elle conserve son encaisse.

La faculté d'émettre des billets pour une somme plus
grande que celle qu'elle a en caisse se justifie par cette
observation, qu'il est impossible qu'on vienne jamais demander du jour au lendemain le remboursement de tous
les billets émis.

Du reste cela est sans inconvénient, car les billets qu'elle
escompte, revêtus de signatures de gens dont la solvabilité est vérifiée avec soin, représentent une valeur
sûre ; de plus elle a son capital actions et enfin le montant
des prêts sur gage par elle faits.

Les billets de la Banque de France sont, comme les effets
de commerce, des moyens de crédit d'autant plus efficaces
que, dans les moments de gêne, l'État peut ordonner leur
cours forcé, et qu'alors ils deviennent une monnaie.

LE COMMERCE

Le commerce est l'élément très important de la prospérité
sociale.

Il consiste dans l'échange des marchandises contre
d'autres marchandises.

Le commerce, dans l'antiquité, a dû commencer par
être intérieur. L'accroissement des produits a fait naître le

---

Comment sont payables les billets de la Banque de France ?

commerce extérieur. Sous les empereurs romains, l'Inde et la Chine vendaient à Rome déchue les produits de leur industrie. Du temps de César, les ports de l'Italie pouvaient à peine contenir les vaisseaux qui y apportaient l'abondance et la superfluité. Le commerce est aux nations ce qu'est la circulation du sang dans le corps humain.

C'est de l'échange incessant des produits de chaque nation avec ceux des nations voisines que sont nées les grandes idées philanthropiques qui font tant d'honneur aux sociétés modernes: le droit international, le droit des gens, l'affranchissement de l'esclavage.

La règle fondamentale du commerce est la probité, qui consiste à donner les marchandises à un prix convenu, à donner des marchandises de la qualité annoncée en quantité convenue, et à faire honneur à sa signature.

Un des moyens les plus puissants pour donner au commerce tout son essor est le crédit.

Il en est encore un autre qui consiste dans une protection que chaque État accorde à ses nationaux en frappant les produits étrangers analogues à ceux de l'industrie nationale d'un droit de douane.

Ce droit a pour but d'augmenter le prix de vente des marchandises importées et de faciliter la production et la vente à meilleur compte des produits nationaux analogues.

Ceux-ci n'ayant pas à subir la dépense du transport et des frais de représentation des producteurs, en pays étrangers peuvent être alors fabriqués pour le même prix dans de meilleures conditions que les produits importés, ou vendus moins

---

Quelle est la règle fondamentale du commerce?

chers qu'eux lorsque la qualité est égale. Il en résulte forcément un avantage qui les fait rechercher.

Ces avantages provenant de la protection sont vivement combattus par les partisans du libre-échange.

Ces économistes soutiennent qu'il vaut mieux pour un pays laisser entrer chez lui sans les frapper d'aucun droit les produits de l'industrie étrangère.

Le mot libre-échange veut dire l'échange que des peuples font entre eux de leurs produits affranchis de tous droits protecteurs aux frontières respectives.

Les premiers avantages du libre-échange sont pour la nation la plus avancée en industrie; mais la concurrence établit bientôt le niveau. La moins avancée change son vieil outillage et les routines que la protection éternisait, et, en fin de compte, l'avantage de tous est obtenu par l'abaissement des prix.

En effet, il vaut mieux, disent les libre-échangistes, que chaque chose puisse se produire librement, car les industries qui sont vraiment avantageuses pour un pays et pour lesquelles la nature l'a particulièrement doué se développent seules et règnent sans conteste; les autres, qui n'avaient qu'une vie artificielle, disparaissent.

Ce système a, soutiennent-ils, l'avantage de faire profiter le consommateur des avantages que la nature donne à chaque pays et qui ne lui coûtent rien.

Ce système a le grave inconvénient d'exposer le pays qui le pratique à divers dangers. La transformation de la situation d'un pays entraîne bien des ruines et bien des misères irrémédiables. De plus un État organisé sur le plan libre-échangiste serait incapable de se subvenir à lui-même

---

Que veut dire le mot libre-échange ?

et courrait de graves dangers dans le cas d'une guerre avec le pays qui le fournit.

Rome ancienne avait, par la création des immenses propriétés de plaisance patriciennes et par l'emploi de tous les bras romains dans les légions ou dans les villes, détruit l'agriculture nationale. Le blé lui venait de Sicile et d'Egypte, et le retard dans les convois causait à Rome des famines et des révoltes.

De plus les États modernes ont des charges énormes et les douanes entrent pour une part importante dans leurs ressources.

Il semble préférable d'adopter un système qui ne soit ni absolument libre-échangiste, ni absolument protectionniste ; car il vaut mieux qu'un pays puisse autant que possible se suffire à lui-même. Les nations sont comme les individus ; elles ne sont puissantes qu'à la condition d'être indépendantes.

Une nation prospère doit mettre en œuvre toutes ses ressources ; il lui sera alors plus facile de se défendre et même d'attaquer si le besoin s'en faisait inévitablement sentir.

Aussi bien dans le besoin de chaque branche de commerce et d'industrie les droits protectionnistes doivent varier ; ils doivent même disparaitre lorsque la nation peut produire sans crainte à meilleur compte ou qu'il est besoin de stimuler l'esprit d'invention et l'activité de ses nationaux.

DE L'EXPORTATION

L'exportation des produits d'une nation chez une autre nation est une source de prospérité commer-

---

Que semble-t-il préférable du libre-échange ou de la protection ? — L'exportation est-elle une chose avantageuse ?

ciale pour la nation exportante. Mais il faut, sous peine de ruine, que la probité la plus stricte préside aux exportations. Ce genre de commerce a été presque anéanti dans une grande ville américaine par des marchands déloyaux du continent qui envoyaient du zinc peint pour du bronze, des vins frelatés pour des vins fins, des pendules vernies pour des pendules dorées, etc.

DU COMMERCE DES BLÉS

Il existe à propos du commerce des blés un préjugé. Ce commerce est suspect aux yeux du peuple, qui redoute les famines de l'ancien régime, et qui ne comprend pas qu'il en est du blé comme de toute autre marchandise, c'est-à-dire que le moyen d'en avoir à certains moments de rareté, c'est d'en acheter quand elle abonde et où elle abonde. Le commerce des blés exige la sécurité la plus entière pour les acheteurs en gros. Si de grands capitalistes font de grands achats et de grands approvisionnements, tant mieux pour le peuple, il aura du pain : il n'en aurait pas eu peut-être sans la hardiesse de ces grands négociants, qu'on a l'ingratitude et la sottise de nommer de coupables accapareurs.

Et puis, si vous accaparez le blé français, en vingt-quatre heures vous aurez du blé anglais et du blé belge, attirés par les hauts prix ; en dix jours du blé d'Égypte ; en quinze jours l'Amérique vous inondera de farines et de grains.

L'accaparement est tout bonnement un préjugé absurde; une des plus colossales erreurs que l'ignorance des phénomènes et des lois économiques ait fait éclore.

Qu'arrivera-t-il si vous accaparez le blé français ?

DES TRAITÉS DE COMMERCE

Les rapports commerciaux de la France avec les peuples étrangers sont réglés par des tarifs rédigés suivant les matières par les ministres compétents et approuvés par les Chambres. De plus ils sont souvent réglés par des traités négociés par les ministres compétents et ratifiés par les Chambres.

DU TRIBUNAL DE COMMERCE

Les droits des commerçants sont protégés par les tribunaux de commerce, qui sont compétents pour les contestations nées entre commerçants à raison de leur commerce.

Le tribunal de commerce siège à côté du tribunal d'arrondissement; les juges sont appelés magistrats consulaires et sont élus pour deux ans, leurs fonctions sont gratuites.

Devant ces tribunaux le ministère des avocats n'est pas exigé.

Les conseils de prud'hommes règlent les difficultés qui s'élèvent entre patrons et ouvriers. — Ils sont élus par les patrons, les chefs d'ateliers, les contremaitres et les ouvriers.

LE CRÉDIT PUBLIC

A côté du crédit commercial d'une nation existe son crédit public.

Le crédit public est le degré de confiance qu'on a dans un gouvernement au point de vue du placement des capitaux.

Comment sont réglés les rapports commerciaux de la France ? — Comment sont protégés les droits des commerçants ? — Que règlent les conseils de prud'hommes ? — Qu'est-ce que le crédit public ?

Le crédit public est comme le baromètre : il descend dans les temps d'orage... La supériorité de puissance que le crédit procure aux nations qui savent s'en servir est comparable à celle que l'usage des armes à feu donne aux Européens contre les sauvages. Il n'a pas fallu moins de génie pour l'invention du billet de banque que pour celle de la machine à filer.

Le mot fonds publics est le nom que l'on donne aux dettes contractées par le gouvernement envers tous les capitaux qui constituent la dette publique, c'est-à-dire tous les capitaux empruntés par l'État et représentés par des titres ou effets publics. Les fonds du Trésor et de la Banque sont les dépôts de valeurs pour les besoins du commerce et des services publics, les fonds de la guerre, de la marine, etc.

Les fonds publics sont les valeurs qui présentent le plus de sécurité. Sans doute les actions industrielles et commerciales promettent en général dans leur début des intérêts supérieurs à ceux des placements sur l'État ; mais ces promesses faites de bonne foi, quand il s'agit d'attirer les capitaux, sont rarement réalisées. Souvent la ruine des entreprises les plus vantées vient apprendre aux actionnaires que l'intérêt promis est élevé en proportion des dangers que court le capital engagé.

Dans les villes de commerce, la *bourse* est un lieu public où s'assemblent, à certaines heures, les banquiers, les agents de change et les courtiers, pour traiter le affaires. La Bourse est aussi le lieu où se négocient les valeurs industrielles et les fonds d'État. Le prix en est fixé par les agents de change, qui ont le droit de les négocier et sont chargés d'établir la cote officielle de ces valeurs.

Qu'est-ce que les fonds publics ?

DES SOCIÉTÉS

Les actions et obligations qui se négocient à la bourse proviennent pour la plupart des sociétés industrielles ou commerciales en commandite dont elles représentent le capital.

Les sociétés commerciales ou industrielles ont la même origine que les sociétés civiles.

Code civil. — La Société est un contrat par lequel deux ou plusieurs personnes conviennent de mettre quelque chose en commun, dans la vue de partager le bénéfice qui pourra en résulter.

Toute société doit avoir un objet licite, et être contractée pour l'intérêt commun des parties. Chaque associé doit y apporter, ou de l'argent, ou d'autres biens, ou son industrie.

Il faut donc au contrat de société, pour être valable, réunir en dehors des conditions de chaque contrat, consentement, capacité, objets et causes licites :

1° Un apport réciproque (argent ou valeurs quelconques, ou industrie).

2° Des bénéfices à réaliser, par l'exploitation du fonds social. Le partage en est généralement proportionnel à la part que chaque associé fournit à la société.

3° Un intérêt commun. Il est, en effet, défendu par la loi qu'un associé se réserve la totalité des bénéfices de la société, tandis qu'un autre aurait à sa charge la totalité des pertes.

Les sociétés commerciales sont comme les commerçants soumises à la juridiction des tribunaux de commerce, tandis que les sociétés civiles ne jouissent que de la juridiction ordinaire des tribunaux civils.

Ces sociétés sont fondées en vertu du proverbe: l'union fait la force. En effet on comprend qu'il soit impossible à de simples particuliers d'entreprendre à leurs propres risques et avec leurs seules ressources la construction d'une ligne de chemin de fer, ou du canal de Suez ou même l'exploitation d'une grande usine.

Code de commerce. — La loi reconnait trois espèces de sociétés commerciales : — La société en nom collectif. — La société en commandite. — La société anonyme.

SOCIÉTÉS EN NOM COLLECTIF

Les sociétés en nom collectif sont généralement usitées pour les maisons de commerce.

On appelle raison sociale la désignation de la maison. Pierre, Paul et Jacques ; ou Pierre et Compagnie ; ou encore : Au Bon Marché, etc. La raison sociale existe dans toutes les sociétés.

Dans cette société tous les associés jouent un rôle actif et sont personnellement responsables des dettes de la société chacun pour la totalité solidairement. Toutefois les associés peuvent choisir un d'eux pour gérer la société, mais leur responsabilité reste toujours la même.

L'acte qui constitue la société doit être rédigé en autant d'exemplaires que d'associés : il est indispensable qu'il y ait un acte dressé.

Quel est l'emploi ordinaire des sociétés en nom collectif ?

SOCIÉTÉS EN COMMANDITE

Dans la société en commandite, un certain nombre d'associés sont responsables comme dans la société en nom collectif, personnellement et solidairement; les autres, appelés bailleurs de fonds, ou commanditaires (d'où le nom de société en commandite), fournissent une part en argent dans la société, mais ils ne sont tenus de participer aux dettes de la société que jusqu'à concurrence de leur apport.

Comme conséquence la raison sociale ne peut comprendre que les noms des associés responsables ou commandités.

L'administration appartient à ces derniers. Les autres ne peuvent à aucun titre agir pour le compte de la société.

La disposition de la loi se justifie par le crédit que donne la société en commandite, le nombre plus grand de commandités; la garantie des créanciers de la société s'augment de leurs fortunes personnelles.

Il a donc fallu éviter la fraude, qui aurait été commise si des commanditaires avaient pu paraître des commandités.

Les sociétés en commandite par actions sont une forme souvent adoptée pour les grandes entreprises : chemins de fer, canaux, mines, transports, grandes exploitations industrielles.

La société en commandite ordinaire se forme entre personnes se connaissant. La société par actions, à cause du capital élevé dont elle a besoin, comprend des personnes des pays les plus divers et des positions les plus différentes. La société s'adresse à toutes les bourses.

Comment est constituée une société en commandite ? — Dans quels genres d'entreprise adopte-t-on souvent de préférence la forme des sociétés en commandite par actions ?

Le capital social est partagé en un nombre considérable de parts appelées actions, qui constatent le droit de chacun. Les actions ont généralement une valeur de 100 ou de 500 francs. Les bénéfices de la société, déduction faite des frais et charges de l'exploitation, sont divisés par le nombre total des actions, et la part de chacune d'elles s'appelle le dividende.

Les dividendes se touchent généralement tous les six mois. A cet effet les titres des actions sont divisés en un certain nombre de fractions appelées coupons, que l'on annule au moment du payement.

Les actions sont nominatives ou au porteur.

L'action nominative porte l'indication du propriétaire en lettres apparentes, et elles présentent pour le propriétaire de l'action des garanties contre le vol.

En effet les sociétés ont un registre sur lequel se mentionnent les changements de propriétaire appelés transferts.

Lors de chaque transfert, il est délivré au nouveau propriétaire un titre à son nom. Dès lors toute personne se présentant pour vendre le titre ou toucher le coupon, doit justifier de sa qualité de propriétaire et en cas de vol il est facile d'avertir la société que telle action a été volée.

Les actions au porteur sont des titres qui donnent au détenteur le droit de toucher les coupons. On n'exige de lui que la détention. Aussi les titres sont-ils composés de coupons qui, au lieu d'être annulés par un cachet, sont détachés du titre et remis à la compagnie, contre payement.

Qu'est-ce qu'une action nominative? — Qu'est-ce que les actions au porteur?

La raison sociale de la société en commandite ordinaire comprend le nom des commandités gérants, celle de la société en commandite par actions comprend en outre l'indication de *et compagnie*.

Il suffit d'un seul acte constitutif de la société, quel que soit le nombre des associés ou actionnaires.

Le capital doit être divisé en actions d'au moins 100 francs ou 500 francs. Il doit être entièrement souscrit, et chaque actionnaire doit avoir versé au moins le quart de chaque action pour que la société soit constituée. Ce versement partiel s'appelle la libération. L'action doit donc être libérée au moins du quart.

L'assemblée générale des actionnaires vote les mesures nécessaires à la gestion de la société, approuve et vérifie les comptes présentés par les gérants.

Lorsque la société a besoin d'argent pour son exploitation, elle peut préférer emprunter de l'argent à intérêt que de donner aux créanciers nouveaux une part des bénéfices, ce qui diminuerait la part des actionnaires ; car les dividendes forment généralement un revenu plus élevé que l'intérêt ordinaire. Les titres qu'elles donnent aux nouveaux créanciers de la société sont des obligations.

SOCIÉTÉS ANONYMES

La société anonyme ne porte aucun nom de personnes (*anonyme*, du grec, *sans nom*).

Le nom des associés n'est pas connu du public.

Aucun des associés n'a une responsabilité plus grande que son apport. Le capital est divisé en actions. La société est alors désignée par l'objet de son entreprise : Banque de France, Compagnie d'assurance contre l'incendie, Compagnie du chemin de fer du Nord.

Le nom des associés des sociétés anonymes est-il connu du public ?

Les actionnaires ont la véritable direction de la société.
Les délibérations sont prises à la majorité des voix.

Les administrateurs exécutent les décisions de l'assemblée générale. Ils sont élus à temps. Ils doivent être propriétaires d'un certain nombre d'actions, comme garantie de leur administration.

Les commissaires surveillent.

DE LA FAILLITE

Les sociétés commerciales, comme les négociants, peuvent, lorsqu'elles font de mauvaises affaires, être déclarées en faillite.

Tout créancier qui n'est pas payé à l'échéance de sa créance, peut se pourvoir devant le tribunal de commerce et faire déclarer l'état de faillite.

Dès que le commerçant a été déclaré failli, il cesse d'avoir l'administration de sa fortune, qui est gérée par un syndic désigné par le tribunal de commerce.

Le syndic réunit les créances, établit le passif de la faillite, touche les créances du failli, négocie les marchandises, gère le fond de commerce, et constitue ainsi l'actif de la faillite.

Le failli peut entrer en arrangement avec ses créanciers : à cet effet le syndic réunit les créanciers et le failli leur offre de leur payer à chacun une part de leur créance en échange de l'autorisation qu'il reçoit des créanciers de reprendre la direction de ses affaires. C'est le concordat. Il est accordé par l'assemblée des créanciers.

Qui exécute les décisions des assemblées générales des compagnies anonymes ? — Qui peut faire déclarer la faillite d'un commerçant? — Qu'est-ce qu'un concordat?

Le failli qui a obtenu son concordat n'est relevé des déchéances qu'entraîne la faillite qu'après avoir payé l'intégralité de ses dettes.

Si les créanciers refusent le concordat, ou si le failli n'exécute pas les conditions du concordat, les créanciers se mettent en état d'union, et la faillite se poursuit jusqu'à l'entière liquidation de la fortune du failli.

Alors la faillite est cloturée et le syndic rend ses comptes. Si le failli a cherché à dissimuler une partie de sa fortune et à frustrer ainsi ses créanciers, il y a banqueroute frauduleuse.

Elle est simple s'il y a seulement dépenses excessives, pertes au jeu.

La banqueroute simple est un délit puni d'un emprisonnement de deux ans.

La banqueroute frauduleuse est un crime puni des travaux forcés à temps.

Cette sévérité s'explique par la ruine qu'entraîne pour les créanciers la faillite de leur débiteur. En effet dans le commerce, le crédit est considérable et si chaque commerçant n'avait pas le plus grand soin de payer exactement ses dettes à l'échéance, les affaires seraient impossibles. Chaque commerçant doit pouvoir compter sur l'exactitude des commerçants à qui il a fait crédit, et cette rigueur force le commerçant à la plus grande exactitude. — De plus il y a dans la banqueroute simple une imprudence, dans la banqueroute frauduleuse un vol particulièrement odieux par les conséquences.

Le failli même banqueroutier simple peut se faire réhabiliter. Le banqueroutier frauduleux ne le peut jamais.

Qu'est-ce que la banqueroute frauduleuse ?—Qu'est-ce que la banqueroute simple?

Le failli, pour se faire réhabiliter doit justifier qu'il a remboursé intégralement tous ses créanciers.

L'ÉPARGNE

L'épargne est un des devoirs les plus profitables de chaque individu. Tout le monde en a l'obligation, surtout les pères de famille. L'enfant doit en prendre l'habitude. C'est une des forces d'une nation.

Les caisses d'épargne sont des établissements destinés à recevoir les plus faibles épargnes du travailleur, pour lesquelles on lui sert un intérêt, et qu'il a la faculté de retirer en totalité ou en partie, quand il le désire et à toute époque.

Le côté principalement utile de ces institutions, c'est de recevoir de faibles capitaux. Le retrait du capital exigeant quelques formalités, le déposant a le temps de réfléchir et de renoncer à une fantaisie coupable ou à un mauvais penchant qui l'entraînerait à gaspiller ses économies. La première caisse d'épargne fut établie en France par le duc de la Rochefoucauld-Liancourt.

Le déposant reçoit un livret sur lequel on inscrit successivement les sommes qu'il verse; on lui rend ce qu'il réclame sur la présentation de ce livret. On peut déposer depuis 1 franc à la fois.

Le gouvernement français a établi récemment des caisses d'épargne postales. Cette institution, qui permet l'épargne des plus petites sommes, est une heureuse innovation, elle pénètre partout. Les versements se font dans tous les bureaux de poste avec la plus grande facilité, sans aucune perte de temps. On délivre à chaque personne un livret national où sont constatés les dépôts et les retraits.

L'épargne est-elle un devoir? — Qu'est-ce que les caisses d'épargne?

L'habitué de la caisse d'épargne a mille chances de succès relatifs dans sa vie. L'économie amène la moralité, la moralité l'estime générale ; l'estime amène la confiance, les travaux et l'argent. Un ouvrier s'est marié à vingt-cinq ans, il a rempli ses devoirs envers Dieu et les hommes, et il a placé ses économies à la caisse d'épargne ; à quarante-cinq ans, il est propriétaire d'atelier ; voilà l'ouvrier de l'épargne et du progrès. Il n'appartient pas à cette classe d'hommes qui a le goût du mal et qui l'imite sottement. Il laisse les insensés se ruiner, s'enivrer, se battre ; il augmente chaque jour ses ressources, fortifie sa santé, évite les querelles, donne le bon exemple à sa famille, et tendant toujours vers le bien, il monte toujours plus haut dans la société. L'ouvrier vicieux, faisant le contraire, descend, descend chaque jour dans l'abîme du vice, de l'épuisement, de la misère. A quarante-cinq ans il habite un galetas, il maltraite sa femme ; ses filles vivent dans le désordre ; ses fils le méprisent en l'imitant, et, vieux avant le temps, il meurt à l'hôpital. Voilà l'ouvrier rétrograde, car il a toujours descendu.

L'ASSISTANCE PUBLIQUE. DEVOIR SOCIAL

L'assistance publique tient une large place dans la vie sociale. La société se fait un devoir de secourir les membres souffrants de la grande famille nationale, quelle que soit la cause de leurs misères.

En France, particulièrement, les pauvres sont l'objet constant de la sollicitude du gouvernement et de toutes les classes de la société. Il y a à Paris une administration centrale de l'assistance publique ; c'est cette administration qui régit les hôpitaux, les hospices, les établissements spé-

---

Quelle est l'importance de l'assistance publique ?

ciaux pour les enfants malades, les femmes en couches, les vieillards, les aveugles, etc. Sans compter un grand nombre d'autres établissements charitables, tels que les crèches, les bureaux de bienfaisance, les associations de charité, l'œuvre des apprentis; des mariages gratuits; les distributions de pain, viande, combustibles, linge, vêtements, médicaments, etc. Il y a aussi l'œuvre des hommes et des femmes appartenant aux classes supérieures de la société qui vont, à toute heure, dans les galetas, à la recherche et au secours des pauvres honteux et des victimes de tous les vices.

Il y a un point à constater encore, c'est le prix infini et l'inépuisable fécondité, parmi nous, de l'effort individuel de l'activité spontanée, de la charité indépendante : heureuse fécondité ! « La science de la misère, a dit M. Sismondi, sera toujours courte par quelque endroit. C'est pour cela, ajoute-t-il, que je ne veux exclure aucune forme de charité. Je voudrais peut-être donner aux hospices, aux dispensaires, aux écoles, aider libéralement les grandes infortunes pour les remettre à flot par un don, relever, par un prêt fait à temps, l'homme qui chancelle entre l'industrie et la ruine. Mais je voudrais, en même temps, distribuer sou par sou aux mendiants que je rencontre un secours qui, peut-être dans ce moment, les sauve d'une atroce souffrance. Je ne dirai point que je ne donne jamais aux enfants, jamais aux valides, jamais à ceux dont je connais le vice, car, peut-être, dans le moment où je refuse avec ma règle, la faim, qui n'a point de règle, est sur eux. »

Ces touchantes paroles d'un économiste expliquent et justifient, au besoin, le grand précepte de l'aumône. Cette charité privée, le grand devoir et la grande joie du pauvre aussi bien que du riche n'a besoin que d'elle-même pour produire et pour sauver. On a besoin de ce doux et consolant spectacle pour se défendre d'une tentation trop fréquente dans les siècles agités, celle de s'irriter contre son temps et d'en devenir le détracteur découragé.

LES BEAUX-ARTS. GLOIRE SOCIALE

Par le mot de beaux-arts, on entend généralement l'architecture, la sculpture, la peinture et la musique.

Les arts libéraux sont ceux qui exigent surtout l'action de l'intelligence, les arts mécaniques sont ceux qui exigent surtout le travail de la main ou l'emploi des machines.

Le gouvernement encourage généreusement les beaux-arts en France. On le voit assez par les expositions, pour l'avantage et la gloire de la peinture, de la sculpture, de la gravure, etc., par les récompenses qu'il décerne au talent, par les achats qu'il fait, par les copies qu'il commande, par les secours qu'il donne aux artistes et par les mille travaux qu'il fait exécuter.

Le public lui-même encourage aussi les arts, et d'une manière si intelligente et si généreuse que rarement l'œuvre d'un talent supérieur est laissée à son auteur lors des expositions. Le public se passionne pour l'œuvre éminente d'un artiste inconnu. On s'arrache le chef-d'œuvre à tout prix. L'artiste heureux voit son talent lui amener la fortune et la gloire. Il n'en est pas ainsi dans les professions où le public n'est pas juge. La France poursuit sa glorieuse tradition dans les arts, et les œuvres de ses illustres enfants sont achetées, enlevées, exportées chez toutes les nations.

Qu'est-ce que les beaux-arts ? — Le gouvernement encourage-t-il les beaux-arts ?

Les peintures et les sculptures de nos grands artistes vivants se vendent à des prix très élevés et font l'ornement obligé des musées, des palais, des collections, des cabinets du monde civilisé. Nos splendides édifices, nos merveilleux tableaux, nos sculptures, portent au loin la gloire artistique de la France, et nous avons bien le droit d'en être fiers. Mais ce qui doit modérer l'orgueil des peuples modernes sous le rapport des beaux-arts, c'est que dans la plus haute antiquité nous les voyons cultivés avec succès dans les Indes, en Chine, chez les Égyptiens, les Étrusques et les Celtes. Les monuments de Méroé en Éthiopie, les obélisques d'Égypte, les vases étrusques, les pagodes de l'Inde, les remparts de Ninive, les jardins de Babylone existaient bien avant le palais de Persépolis ; et le colosse de Rhodes, les temples d'Éphèse et de Jérusalem, bien avant le Parthénon et les Propylées de la Grèce. Sur les cendres du vieux monde païen, le christianisme dressa ses basiliques colossales de Tolède, de Milan, de Cologne ; les églises de Saint-Étienne à Vienne ; de Notre-Dame à Paris ; de Westminster à Londres ; les dômes de Pise, d'Aix-la-Chapelle et de Florence ; les nefs d'Amiens ; les chœurs hardis de Beauvais et de Prague ; la flèche de Strasbourg, la coupole de Saint-Pierre. Le catholicisme a inspiré dans la peinture et la sculpture les écoles italienne, française, flamande, espagnole. Quels noms glorieux nous pourrions citer ! Soyons heureux parce que nous produisons de belles œuvres sans contredit ; mais venus plus tard que les Michel-Ange, les Raphaël, les Titien, les Véronèse, les Tintoret, les Salvator-Rosa, les Murillo, les Rubens, sommes-nous en progrès sur les incomparables talents de ces génies de l'art ? Faisons-nous sortir du marbre beaucoup de statues qui l'emportent sur la Vénus de Médicis, l'Apollon du Bélvédère, le Laocoon ? Soyons modestes, cela convient toujours au véritable mérite.

NOUS AVONS TOUS BESOIN DE TOUS

L'ensemble de toutes les professions pourvoit aux besoins de la vie sociale.

L'architecte a besoin du manœuvre, qui a besoin du boulanger ; le peintre a besoin du broyeur de couleurs, qui a besoin du cordonnier ; le métallurgiste a besoin du mineur, qui a besoin du boucher ; tous ont besoin de tous.

A un certain point de vue démocratique, tous les métiers sont égaux puisqu'ils sont tous nécessaires au résultat, qui est la société. De même tous les instruments qui exécutent un concert, de même tous les engrenages d'une machine. Le dernier des travailleurs fait donc sa partie dans l'harmonie sociale, comme le premier des industriels y fait la sienne.

STATISTIQUE DES PROFESSIONS EN FRANCE

L'administration vient de faire un travail des plus intéressants sur la statistique des professions. Il en résulte que la moitié environ de la population française vit de l'agriculture, un quart de l'industrie ; un dixième du commerce ; quatre centièmes, de professions libérales et six centièmes de rentes ou de revenus.

Il existe 9,176,000 propriétaires cultivant eux-mêmes leurs terres et les faisant valoir ; 3,522,000 fermiers, métayers, journaliers, petits propriétaires travaillant aussi pour autrui ; 5,032,000 fermiers, métayers, et 513,000 forestiers, bûcherons et charbonniers.

Montrez que nous avons tous besoin de tous. — Quelle est la proportion de la population française vivant de l'agriculture ; de l'industrie ; du commerce ; des professions libérales ; de rentes ou de revenus ?

La grande industrie comprend mines et carrières, mines métallurgiques, manufactures et usines, dont vivent 1,130,000 individus. La petite industrie (ouvriers ou chefs de métiers, façonniers, etc., travaillant chez eux, avec ou sans ouvriers) : 6,093,000.

Le commerce comprend : 789,000 banquiers, commissionnaires et marchands en gros ; 1,895,000 marchands en détail, boutiquiers ; 1,164,000 hôteliers, cafetiers, logeurs, cabaretiers. Le personnel des chemins de fer et autres entreprises de transport par terre, fleuves et canaux et le personnel de la marine marchande s'élèvent à 800,000 personnes.

Les fonctionnaires, agents et employés de toutes sortes par l'État, le département ou la commune, sont au nombre de 806,000, et nous trouvons dans les autres professions libérales : culte, 112,000 ; communautés religieuses, 115,000 ; professions judiciaires, 156,000 ; professions médicales, 139,000 ; enseignement libre, 111,000 ; artistes de tout genre, 121,000 ; savants (hommes de lettres, publicistes), 23,000.

Enfin, le chiffre des propriétaires et rentiers, vivant exclusivement de leur revenu, s'élève à 1,849,000, et celui des pensionnaires et retraités à 272,000.

CHOIX D'UNE PROFESSION

Il faut que les parents apportent un soin intelligent et prévoyant au choix d'un état pour leurs enfants. Sans doute il n'y a pas de sots métiers, il n'y a que de sottes gens ; cependant, si l'on peut choisir, il faut préférer un état lucratif et propre à celui qui est sale et no

---

Que doivent faire les parents dans le choix d'un état pour leurs enfants?

rapporte rien, surtout préférer une profession où la dignité humaine, la sécurité de l'honneur, le pain du jour et celui de l'avenir sont assurés, à celle qui ne donnerait aucune de ces garanties.

Quand on peut donner une profession libérale à son enfant, on fait bien de le diriger en conséquence. La magistrature, le commerce, l'industrie, les arts, l'armée surtout, dont l'avancement est réglé, dont le moindre officier ne peut perdre son épaulette sans un jugement, offrent de belles professions où la vie et l'honneur de l'homme ne sont pas abandonnés à l'arbitraire sans frein ni contrôle de supérieurs prévenus et passionnés.

Toutefois il faut se défier de trop d'ambition dans le choix d'une carrière. Toutes sont honorables et il dépend de ceux qui les choisissent de s'en rendre dignes.

Il faut aussi choisir de préférence la carrière pour laquelle on se sent un goût réel.

Chaque carrière a ses avantages et ses inconvénients ; celle qu'exerçait votre père, et dans laquelle vous êtes né a souvent sur les autres l'avantage de l'habitude ; c'est aussi celle dans laquelle vous aurez comme conseil et comme guide votre père, le meilleur guide et le meilleur conseil.

Au surplus il n'est pas toujours loisible de prendre la carrière paternelle, surtout lorsque la famille se compose de plusieurs enfants qui ne peuvent pas souvent embrasser tous la même carrière.

Il est bon alors de se souvenir que le travail permet d'aspirer à toutes les positions.

Quels sont les avantages de la carrière paternelle?

Enfin l'enfant doit toujours penser que tous nous devons nous préparer à être de bons parents, à élever nos enfants convenablement.

Pour eux comme pour nous-même, il faut penser que le but de la vie est de perfectionner le corps et l'âme.

Quel est le but de la vie?

LE
CHEMIN DE LA FORTUNE
OU
LA SCIENCE
DU
BONHOMME RICHARD

(Écrit par Franklin, en 1757; il y fait allusion à la publication annuelle de ses almanachs du bonhomme Richard.)

Ami lecteur,

J'ai ouï dire que rien ne fait plus de plaisir à un auteur que de voir ses œuvres citées par d'autres avec respect. Jugez donc combien j'ai été flatté de l'aventure que je vais vous raconter.

Ces jours derniers, j'arrêtai mon cheval dans un endroit où il y avait beaucoup de monde rassemblé pour une vente publique. L'heure n'ayant pas encore sonné, on causait de la dureté des temps. Quelqu'un des assistants, s'adressant à un vieillard à cheveux blancs, simplement et proprement mis, lui dit : « Eh bien ! père Abraham, que pensez-vous de ce temps-ci ? Ces lourds impôts ne vont-ils pas ruiner le pays ? Pourrons-nous jamais les payer ? Que nous conseillez-vous ? »

Le père Abraham se leva, puis répondit : « Si vous voulez avoir mon avis, je vous le donnerai en peu de mots, car, à bon entendeur salut, comme dit le bonhomme Richard. » — On se pressa autour de lui pour le prier de s'expliquer, et quand on eut fait cercle autour de lui, il poursuivit en ces termes :

« Mes amis, il est vrai que les impôts sont très lourds, cependant si nous n'avions à payer que ceux dont le gouvernement nous charge, nous pourrions encore nous tirer d'affaire ; mais il y en a bien d'autres et de bien plus onéreux pour quelques-uns de nous. Notre paresse nous taxe pour le double au moins de l'impôt ordinaire, notre orgueil, pour le triple, et notre folie pour le quadruple. Ces impôts-là, le percepteur ne peut ni nous les diminuer, ni en retarder l'échéance en accordant un délai ; cependant tout n'est pas désespéré, si nous sommes gens à suivre un bon conseil : **Aide-toi, le Ciel t'aidera,** dit le bonhomme Richard.

« Si un gouvernement demandait comme taxe à ses sujets la dixième partie de leur temps pour l'employer à son service, on le trouverait très insupportable. Mais la paresse exige bien plus de la plupart d'entre nous. L'oisiveté amène les maladies, et raccourcit beaucoup la vie. L'oisiveté, comme la rouille, use plus que le travail ; clef qui sert est toujours claire, comme dit le bonhomme Richard. — Vous aimez la vie, dit-il encore : ne perdez donc pas le temps ; car c'est l'étoffe dont la vie est faite. Combien de temps ne perdons-nous pas à dormir plus qu'il n'est nécessaire, oubliant que renard qui dort ne prend pas de poule, et que nous aurons le temps de dormir dans la tombe, comme dit le bonhomme Richard.

« Si le temps est le plus précieux des biens, dissiper le temps, comme dit le bonhomme Richard, doit être la plus grande des prodigalités, car il nous dit ailleurs : **Le temps perdu ne se rattrape jamais ;** — et encore : assez de temps est toujours trop court. Ainsi donc à l'œuvre, agissons ! travaillons à propos ! Avec de l'activité, nous ferons plus de besogne avec moins de peine. La paresse rend tout difficile ; le travail rend tout aisé. — Qui se lève tard, court tout le jour, et commence à peine son ouvrage à la nuit. — Fainéantise va si lentement, que pauvreté l'atteint tout de suite. — Mène tes affaires et ne te laisse pas mener par elles. — Se coucher tôt, se lever tôt, donnent santé, richesse et sagesse, comme dit le bonhomme Richard.

« Pourquoi souhaiter un temps meilleur et rester à l'attendre ? — Nous ferons le temps meilleur, en agissant nous-mêmes. Travail n'a que faire de souhaits ; qui vit d'espoir mourra de faim. — Il n'y a point de profit sans peine. — A l'aide mes mains, j'ai peu de terres, ou si j'en ai, elles sont trop bien imposées. — Un métier est un fonds de terre, une profession est un emploi qui réunit honneur et profit, comme dit le bonhomme Richard. Mais il faut travailler à son métier et faire valoir son talent, sans quoi ni le fonds de terre, ni l'emploi ne nous mettront en état de payer l'impôt.

«Si nous sommes laborieux, nous n'aurons jamais à craindre de la faim. La faim regarde à la porte du travailleur ; mais elle n'ose pas entrer. Les commissaires et les huissiers n'y entreront pas non plus ; car le travail paye les dettes, tandis que le découragement les augmente. Il n'est nécessaire de trouver un trésor ni de recueillir un riche héritage. Activité est mère de prospérité, et Dieu ne refuse rien au travail. — Laboure profondément pendant que dorment les paresseux, et tu auras du blé à vendre et à garder. Travaillez aujourd'hui, car vous ne savez pas si vous n'en serez pas empêché demain. Un « aujourd'hui » vaut deux «demain », comme dit le bonhomme Richard ; et encore : Ne remets jamais à demain ce que tu peux faire aujourd'hui.

« Si vous étiez au service d'un bon maître, ne seriez-vous pas honteux qu'il vous surprît les bras croisés ? Mais vous êtes votre propre maître. Rougissez donc de vous surprendre les bras croisés, quand il y a tant à faire, pour vous-même, pour votre famille, pour votre pays. Ne mettez pas des gants pour manier vos outils, souvenez-vous que **chat ganté ne prend pas de souris**, comme dit le bonhomme Richard. Il est vrai qu'il y a beaucoup de besogne et peut-être n'avez-vous pas le bras fort ; mais prenez courage et vous verrez des merveilles ; à la longue les gouttes d'eau percent la pierre ; — avec de l'activité et de la patience, la souris coupe le câble ; — à force de petits coups, on abat de grands chênes.

« Je crois entendre quelqu'un de vous me dire : Il faut bien se donner un peu de loisir ? Mon ami, répondrai-je, écoute ce que dit le bonhomme Richard, emploie bien ton temps, si tu veux gagner du loisir : et puisque tu n'es pas sûr d'une minute, ne perds pas une heure. Du loisir, c'est du temps pour faire quelque chose d'utile ; ce loisir, l'homme actif le trouvera, mais le fainéant, jamais ; car une vie de loisir et une vie de fainéantise sont deux. — Bien des gens voudraient vivre sans travailler, sur leur seul esprit ; mais, faute de capital, ils font faillite, tandis que le travail procure le bien-être, l'abondance, et la considération. — Fuyez les plaisirs, et ils courront après vous. — Une bonne fileuse ne manque pas de chemises. — Depuis que j'ai une vache et une brebis dans mon étable, chacun me souhaite le bonjour.

« Mais, il ne suffit pas de travailler, il faut encore être persévérant, tranquille et soigneux. Il faut veiller à ses affaires de ses propres yeux, sans s'en rapporter tant à ceux des autres ; car, comme dit le bonhomme Richard, je n'ai jamais vu venir à bien arbre ou famille changes souvent de place : et encore : trois déménagements sont pires qu'un incendie. Puis ailleurs : garde ta boutique, et ta boutique te gardera. Et ailleurs encore : si vous voulez que votre besogne se fasse , allez la faire vous-même ; si vous voulez qu'elle ne soit pas faite, envoyez quelqu'un la faire. Le bonhomme dit encore : Celui, qui par la charrue veut s'enrichir, de sa main doit la tenir ou la conduire ; et ailleurs, l'œil du maître fait plus d'ouvrage que ses deux mains ; — faute de soin fait plus de tort que faute de science ; — ne pas surveiller vos ouvriers, c'est leur livrer votre bourse ouverte. Trop compter sur la vigilance d'autrui a ruiné bien des gens ; dans les choses de ce monde, ce n'est pas la foi qui sauve, mais la défiance. Le soin que l'on prend soi-même est toujours profitable ; car, si vous voulez avoir un serviteur fidèle et qui vous plaise, servez-vous vous-même. Grand malheur naît parfois de petite négligence. Faute d'un clou, le fer d'un cheval se perd ; faute d'un fer, on perd le cheval ; faute d'un cheval, le cavalier est perdu, l'ennemi l'atteint et le tue : et tout cela, faute d'avoir fait un peu attention à un clou de fer à cheval.

« J'en ai dit assez, mes amis, sur l'activité et l'attention à nos propres affaires, toutefois, pour être sûrs du succès de notre travail, il faut y ajouter l'économie. Un homme, s'il ne sait pas mettre de côté à mesure qu'il gagne, mourra sans laisser un sou, après avoir passé toute sa vie le nez collé sur la meule. — Cuisine grasse, laisse maigre testament, dit le bonhomme Richard. Depuis que les femmes oublient pour le thé le rouet et le tricot ; depuis que les hommes laissent pour le punch, la scie ou le rabot, les fortunes se dissipent à mesure qu'elles se créent. — Si vous voulez être riche, apprenez à épargner autant qu'à gagner. — L'Amérique n'a pas enrichi l'Espagne, parce que ses dépenses ont toujours dépassé ses recettes.

« Laissez là toutes ces folies dispendieuses, et vous n'aurez plus tant à vous plaindre de la dureté des temps, de la pesanteur de l'impôt et des charges du ménage ; car la mauvaise conduite, l'ivrognerie, le jeu et la mauvaise foi diminuent les richesses et augmentent les besoins ; et comme le dit ailleurs le bonhomme Richard, un vice coûte plus à nourrir que deux enfants.

« Vous pensez peut-être qu'un peu de thé, un peu de punch de temps à autre, un plat un peu plus recherché, des habits un peu plus brillants, une partie de plaisir par-ci par-là, ne tirent pas à conséquence ; mais souvenez-vous que un peu, souvent répété, fait beaucoup. Défiez-vous des petites dépenses. Il ne faut qu'une petite fente pour faire couler à fond un grand navire, dit le bonhomme Richard. Les gens friands seront mendiants ; — les fous donnent le repas et les sages le mangent.

« Vous voilà tous assemblés ici pour acheter des colifichets et des bagatelles : vous appelez cela des biens ; mais si vous n'y prenez garde, ils deviendront des maux pour plusieurs d'entre vous. Vous comptez que ces objets seront vendus bon marché, et peut-être seront-ils en effet vendus au-dessous du prix courant ; mais, si vous n'en avez pas besoin, ils seront encore trop chers pour vous. Rappelez-vous ce que dit le bonhomme Richard : achète ce qui t'est inutile, et tu vendras bientôt ce qui t'est nécessaire. Il dit encore : Réfléchis bien avant de profiter du bon marché ; vous faisant entendre que le bon marché n'est peut-être qu'apparent, ou que l'achat que vous faites, par la gêne qu'il amène, vous causera plus de mal que de bien ;

car il dit dans un autre endroit : le bon marché a ruiné bien des gens ; et ailleurs : c'est folie que d'employer son argent à acheter un repentir. Cependant, cette folie se renouvelle chaque jour dans les ventes, faute de penser à l'almanach du bonhomme Richard. Combien, pour le plaisir de porter un bel habit sur leurs épaules, ont fait jeûner leur ventre, et laissent leur famille mourir de faim ! Soie et satin, velours et hermine, éteignent le feu de la cuisine, dit le bonhomme Richard ; loin d'être des nécessités de la vie, ils en sont à peine des agréments, et pourtant, parce que cela brille, combien de gens en ont envie ! Par ces extravagances et autres semblables, les gens du bel air sont réduits à la pauvreté et forcés d'emprunter à ceux qu'ils méprisaient auparavant, mais qui se sont maintenus par le travail et l'économie ; ce qui prouve qu'un laboureur debout est plus grand qu'un gentil-homme à genoux, comme dit le bonhomme Richard. C'est peut-être que ces dissipateurs avaient reçu quelque petit héritage sans savoir comment on avait pu gagner cette fortune : « Il est jour, pensaient-ils, il ne sera jamais nuit ; que fait une si mesquine dépense à une fortune comme la mienne ? » Mais, à force de prendre dans la huche sans y rien mettre, on en trouve le fond, comme dit le bonhomme Richard ; quand le puits est à sec, on connaît le prix de l'eau. Mais, direz-vous, c'est ce qu'ils auraient su plus tôt, s'ils avaient suivi le conseil du bonhomme Richard : Voulez-vous savoir le prix de l'argent, allez et essayez d'en emprunter. Qui cherche à emprunter cherche un affront ; du reste, il en arrive autant à celui qui prête à certaines gens, quand il veut rentrer dans ses fonds.

« Le bonhomme Richard nous avertit et nous dit : L'orgueil de la parure est une vraie malédiction ; avant de consulter votre fantaisie, consultez votre bourse. Il nous dit aussi : L'orgueil est un mendiant qui crie aussi haut que le besoin, et qui se montre bien plus insatiable. Avez-vous acheté un objet d'art de valeur, il vous en faut dix autres, pour mettre d'accord votre mobilier. Aussi, dit le bonhomme Richard, il est plus aisé d'étouffer le premier désir que de contenter tous ceux qui suivent. Le pauvre qui singe le riche est aussi fou que la grenouille qui s'enfle pour égaler le bœuf. Les grands vaisseaux peuvent s'avancer davantage, mais les petits bateaux doivent longer le rivage.

« Les folies de l'orgueil sont bientôt punies ; car, comme dit le bonhomme Richard : L'orgueil qui dîne de vanité soupe de mépris. — L'orgueil déjeune avec l'abondance, dîne avec la pauvreté, et soupe avec la honte.

« Et que revient-il, après tout, de cette envie de paraître pour laquelle on a tant de risques à courir, tant de peines à subir ? Elle ne peut conserver la santé, ni adoucir la souffrance, elle n'ajoute pas à notre mérite ; elle éveille la jalousie, elle hâte le malheur.

« Quelle sottise de s'endetter pour de telles superfluités ! Dans cette vente-ci, l'on vous offre six mois de crédit, et c'est peut-être là ce qui a engagé quelques-uns à s'y rendre. N'ayant pas d'argent à débourser, ils espèrent se parer sans rien débourser. Mais pensez-vous à ce que vous faites en vous endettant ? Vous donnez à autrui les droits sur votre liberté. Si vous ne payez pas au terme fixé, vous rougirez de voir votre créancier ; vous tremblerez en lui parlant : vous inventerez de pitoyables excuses. Par degrés, vous arriverez à perdre votre franchise, vous vous abaisserez jusqu'au mensonge ; car, mentir n'est que le second vice ; le premier est de s'endetter, dit le bonhomme Richard. Et encore : La dette porte en croupe le mensonge. Un homme né libre ne devrait ni rougir ni trembler devant homme qui vive ; mais souvent la pauvreté ôte tout courage et toute vertu. — **Il est difficile à un sac vide de se tenir debout.**

« Que penseriez-vous d'un gouvernement qui vous défendrait par un édit de vous habiller comme un grand seigneur ou comme une grande dame, sous peine de prison ou de servitude ? Ne direz-vous pas que vous êtes libres ; que vous avez le droit de vous habiller comme bon vous semble ; qu'un tel édit viole formellement vos privilèges, qu'un tel gouvernement est tyrannique ? — et cependant vous consentez à vous soumettre à une tyrannie semblable, lorsque vous vous endettez **pour briller !** Votre créancier aura le droit de vous priver, selon son bon plaisir, de votre liberté, en vous confinant pour la vie dans une prison, ou bien en vous vendant comme esclave si vous n'êtes pas en état de le payer. Quand vous avez fait votre marché, peut-être ne songiez-vous guère au payement, mais, comme dit le bonhomme Richard : **les créanciers ont meilleure mémoire que les débiteurs.** — Les créanciers, dit-il encore, forment une secte superstitieuse, observatrice des jours et des temps. Le jour de l'échéance arrive avant que vous l'ayez vu venir, le créancier vient chez vous avant que vous soyez prêt ; ou bien, si vous n'avez pas oublié votre dette, l'échéance, qui vous avait d'abord paru si éloignée, vous paraîtra, en se rapprochant, beaucoup trop rapprochée ; vous croirez que le temps s'est mis des ailes aux talons comme aux épaules. — **Le carême est bien court pour qui doit payer à Pâques.**

« Peut-être vous croyez-vous à ce moment dans une situation assez prospère pour pouvoir satisfaire, sans préjudice, une légère fantaisie ; tandis que vous le pouvez, épargnez pour le temps de la vieillesse et du besoin. —

Mais le soleil du matin ne brille pas tout le jour. Le gain est passager et incertain ; mais, toute la vie, la dépense sera constante et certaine. Il est plus aisé de bâtir deux cheminées que d'en tenir une chaude, comme dit le bonhomme Richard ; ainsi, ajoute-t-il, allez plutôt vous coucher sans souper que de vous lever avec une dette. Gagnez ce que vous pouvez, et tenez bien ce que vous gagnez : voilà la pierre qui changera votre plomb en or ; et quand vous posséderez cette pierre philosophale, soyez sûrs que vous ne vous plaindrez plus de la dureté des temps ni de la difficulté à payer l'impôt.

« Cette doctrine, mes amis, est celle de la raison et de la sagesse ; mais ne vous fiez pas trop à votre travail, à votre économie, à votre prudence, bien que ce soient d'excellentes choses. Car elles vous seraient tout à fait inutiles sans la bénédiction du Ciel. Demandez donc humblement cette bénédiction, et ne soyez pas sans charité pour ceux à qui cette faveur semble manquer. Consolez-les et aidez-les. Souvenez-vous que Job fut bien misérable, et qu'ensuite il redevint heureux.

« Et maintenant, pour terminer : l'expérience tient une école qui coûte cher ; mais c'est la seule où les insensés puissent s'instruire, comme dit le bonhomme Richard, et encore n'y apprennent-ils pas grand'chose. Il a bien raison de dire que l'on peut donner un bon avis, mais non pas procurer une bonne conduite. Toutefois, rappelez-vous ceci : on ne peut secourir celui qui ne veut pas profiter des conseils ; et puis encore : si vous n'écoutez pas la raison, elle ne manquera pas de vous donner sur les doigts, comme dit le bonhomme Richard. »

Le vieil Abraham finit ainsi sa harangue. On l'avait écouté ; on approuva ce qu'il venait de dire et l'on fit sur-le-champ le contraire, précisément comme il arrive aux sermons ordinaires ; dès que la vente s'ouvrit, chacun enchérit de la manière la plus folle. — Je vis que le bonhomme avait étudié à fond mes Almanachs et digéré tout ce que j'avais dit sur ces matières pendant vingt-cinq ans. Les fréquentes citations qu'il avait faites de mon nom eussent fatigué tout autre que l'auteur ; ma vanité en fut délicieusement affectée, bien que je n'ignorasse pas que, dans toute cette sagesse, il n'y avait pas la dixième partie qui m'appartînt. J'avais glané dans le bon sens de tous les siècles et de tous les pays. Quoi qu'il en soit, je résolus de faire mon propre profit de cet écho du bon sens ; et, bien que d'abord je fusse décidé à m'acheter un habit neuf, je me retirai, déterminé à faire durer le vieux.

Ami lecteur, si tu peux en faire autant, tu y gagneras autant que moi.

Je suis comme toujours tout à toi, pour te servir.

RICHARD SAUNDERS.

LEXIQUE

DES MOTS EMPLOYÉS DANS L'OUVRAGE

QUI ONT BESOIN D'EXPLICATION

Acquêt. — Bien acquis pendant la communauté conjugale et à son profit.

Actionnaire. — Celui qui possède une ou plusieurs actions ou parts dans une société ou entreprise industrielle ou commerciale.

Administration. — Corps d'employés chargés de la régie, de la direction ou du service des affaires publiques.

Alignement. — Ligne de démarcation entre les propriétés particulières et les voies publiques qu'elles bordent.

Amende. — Peine pécuniaire au profit de l'État.

Anatomie pathologique. — Étude des altérations ou maladies des organes et tissus du corps humain.

Apport. — Ce qu'un époux apporte personnellement en mariage. — Ce qu'un associé apporte à la masse dans une société.

Aristide. — Athénien célèbre dans l'antiquité par sa justice et sa probité.

Association syndicale. — Union de personnes exerçant une même profession ou exploitant une industrie semblable.

Associé. — Celui qui fait partie d'une société de commerce.

Avancement militaire. — Ascension d'un grade inférieur à un grade supérieur dans l'armée.

Bachelier — Grade universitaire conféré à celui qui a satisfait à l'examen du baccalauréat dans une faculté.

Bastiat. — Économiste français, né en 1801 et mort en 1850. Il a combattu le système prohibitif et le socialisme.

Bastille (la). — Prison politique qui existait à Paris sur l'emplacement de la place de ce nom et qui fut détruite le 14 juillet 1789.

Bell. — Célèbre chirurgien anglais. Il fit d'admirables travaux sur le système nerveux.

Bernard (Claude). — Illustre physiologiste français, né en 1813 et mort en 1878. Il a donné un développement considérable à la physiologie expérimentale.

Boston. — Grande ville et port des États-Unis d'Amérique. Patrie de Franklin. Ce fut dans cette ville que commencèrent, en 1768, les luttes qui finirent par la proclamation de l'indépendance américaine.

Cabotage. — Navigation et transport par navires des marchandises le long des côtes, d'un port à un autre. On divise le cabotage en petit et en grand cabotage, suivant qu'il se fait au près ou au loin.

Celtes. — Les plus anciens peuples de la Gaule.

Cens. — Quotité d'imposition à payer nécessaire pour être électeur ou éligible.

Chevert. — Célèbre général français, mort en 1769. Il entra dans l'armée comme simple soldat.

Colbert. — Célèbre ministre et contrôleur général des finances sous Louis XIV, mort en 1683.

Collatéral. — Parent hors de la ligne directe ascendante ou descendante. Les oncle, tante, frère, sœur, cousins, sont des parents collatéraux.

Collège électoral. — Circonscription ou réunion d'un certain nombre d'électeurs appelés par la loi à voter ensemble.

Comices agricoles. — Réunion solennelle pour encourager et récompenser les meilleurs procédés de culture, les meilleures machines, l'amélioration des espèces d'animaux domestiques, et les meilleurs ouvriers agricoles.

Condé (le Grand). — Louis II de Bourbon appelé le Grand Condé, grand homme de guerre sous Louis XIV, gagna, à vingt-deux ans, la bataille de Rocroy.

Confiscation. — Saisie d'objets et marchandises à titre de pénalité, au profit de l'État.

Constitution. — Loi fondamentale fixant la forme du gouvernement, et les droits politiques des citoyens.

Contentieux. — Qui est en débat : affaires contentieuses, susceptibles de débats et de contestations.

Contracter. — Faire une convention, un engagement, un contrat avec quelqu'un.

Créances hypothécaires. — Dettes actives, garanties par inscription faite au bureau des hypothèques sur des immeubles donnés en gage par les débiteurs.

D'Aguesseau. — Savant jurisconsulte, chancelier de France et garde des sceaux, mort en 1751.

Décret. — Décision, arrêté ayant force de loi émanant de l'autorité exécutive.

Délégué. — Celui qui a reçu mission ou délégation de quelqu'un ou de plusieurs. Délégué cantonal, personne choisie par le conseil départemental de l'Instruction publique pour veiller à l'installation et à la bonne direction des écoles.

Déportation. — Peine appliquée aux condamnés, qu'ils subissent dans un lieu déterminé et fixé hors du territoire continental.

Déroulède (Paul). — Poète contemporain. S'engagea en 1870, fut blessé à Sedan. Ses poésies sont pleines d'un ardent patriotisme.

Détention. — Emprisonnement durant un temps déterminé sur le territoire français.

Devis. — État descriptif et détaillé, avec ou sans estimation, d'un travail projeté.

Docks. — Mot tiré de l'anglais. Ensemble de magasins servant d'entrepôt aux marchandises.

École centrale des arts et manufactures. — Elle existe à Paris et est destinée à former des ingénieurs civils pour la fabrication industrielle et manufacturière.

École polytechnique. — Créée à Paris en 1794. Elle fournit des ingénieurs pour le service des mines, des ponts-et-chaussées, des télégraphes et et des manufactures de l'État, elle forme des officiers pour l'artillerie de terre et de mer, le génie et les constructions navales.

Économistes. — Ceux qui s'occupent d'économie politique, des questions d'agriculture, de commerce, de subsistances, d'impôts, etc., en vue du bien-être des peuples.

Électeur. — Celui qui a droit de prendre part à l'élection de conseillers municipaux, de conseillers généraux, de députés, etc.

Engagement militaire. — Enrôlement volontaire au service militaire. On ne peut le contracter avant l'âge de dix-huit ans.

Engagement par contrat. — Promesse, lien, obligation par écrit par lequel on s'engage envers quelqu'un.

Équité. — Justice, droiture. Justice exercée non d'après la rigueur des lois, mais avec une modération raisonnable.

Esprit des lois (l'). — Titre d'un ouvrage célèbre de Montesquieu dans lequel il commente et compare les législations.

Établissements insalubres. — Ceux qui répandent des émanations pouvant nuire à la santé des habitants du voisinage.

Exportation. — Vente à l'étranger des produits nationaux.

Façonnier. — Celui qui travaille ordinairement en dehors de l'atelier et est payé à raison de tant par façon.

Fourier. — Auteur de certaines théories chimériques sur l'organisation de la société et du travail, qu'il appliquait dans ce qu'il appelait un phalanstère.

Génie. — Corps spécial qui, dans les armées, est particulièrement chargé de la construction des ouvrages nécessaires à l'attaque et à la défense des places fortes.

Géologie. — Branche de l'histoire naturelle traitant de la forme extérieure du globe terrestre, de la nature des matériaux qui le composent et de leur situation actuelle.

Grammont (de). — Nom du député qui a présenté, un projet de loi, devenu la loi du 29 juillet 1850, dite loi de Grammont, faite en vue de la protection des animaux domestiques contre les mauvais traitements.

Gravitation. — Attraction qui s'exerce entre tous les corps de la nature.

Greffe. — Bureau du greffier. Lieu où l'on conserve les minutes des jugements et où s'effectuent certains actes de dépôt et déclaration.

Gustave-Adolphe. — Roi du Suède, né en 1594 et mort victorieux à Lutzen en 1632. Il fut le héros de la guerre de Trente ans.

Héroïsme. — Grandeur d'âme peu commune, actions et vertu d'éclat qui excitent l'étonnement et l'admiration.

Hiérarchie. — Ordre et subordination de toutes sortes de pouvoirs, d'autorités et de rangs subordonnés les uns aux autres. C'est une échelle dont le premier degré domine au-dessus des autres.

Importation. — Produits qu'un peuple tire des territoires et États étrangers par la voie du commerce pour les introduire chez lui.

Inaliénabilité. — État d'une chose ou d'un bien qui ne peut être cédé ni vendu par le possesseur.

Indigo. — Matière colorante bleue extraite des tiges de l'indigotier des Indes.

Ingénieur. — Celui qui trace les projections mathématiques et dirige les constructions de routes, ponts, canaux, chemins de fer, etc., et les travaux mécaniques des grandes usines et manufactures.

Intégrité. — Probité incorruptible, vertu d'une personne pratiquant la justice d'une façon scrupuleuse.

Juridiction. — Ressort ou étendue de territoire soumis à la compétence du juge.

Législateur. — Celui qui fait les lois et coopère à leur confection.

L'Hospital (Michel de). — Chancelier de France sous François II et Charles IX. Magistrat intègre, vécut dans une honorable pauvreté, mourut de chagrin peu après la Saint-Barthélemy en 1573.

Magendie. — Médecin, célèbre physiologiste, né en 1783 et mort en 1855. Il fut le maître de Claude Bernard.

Main-d'œuvre. — La façon, la mise en œuvre de toute sorte d'ouvrage, soit en construction, soit en toute autre industrie.

Mandataire. — Qui est chargé de la procuration de quelqu'un pour agir en son nom. Il ne peut rien faire au delà de ce que porte son mandat.

Matthieu Molé. — Le plus célèbre des membres d'une famille d'excellents magistrats français, né en 1584, mort en 1641. Il se fit estimer par son intégrité, par ses talents et son zèle pour le bien public et la gloire de l'État.

Mécanique céleste. — Science du mouvement des astres.

Métayer. — Fermier qui partage le produit de la récolte avec le propriétaire de la terre.

Mirabeau. — Député du tiers état en 1789. Célèbre par son éloquence qui était entraînante. Il mourut en 1791.

Mutation. — Transmission de la propriété par vente, échange, donation, testament, etc.

Obligation — Acte d'engagement de faire ou de ne pas faire une chose. Engagement de payer. —C'est aussi le nom de certains titres productifs d'intérêts et remboursables dans un temps limité, que le gouvernement, des compagnies, des villes, émettent pour se procurer de l'argent.

Ordonnancement. — Ordre signé de la personne qui a pouvoir d'autoriser un payement.

Patente. — Autorisation d'exercer tel commerce ou profession. L'impôt des patentes est basé sur l'importance du commerce ou de l'industrie du patenté.

Patrimoine. — Bien venant de famille.

Phénomène. — Ce mot sert souvent à exprimer les différents effets que l'on observe dans la nature.

Physiologie. — Portion de la science de la nature qui traite du jeu et des fonctions des organes chez l'homme, chez les animaux et même les végétaux.

Pierre philosophale. — Art prétendu de faire de l'or par la transmutation des métaux et dont la recherche a occupé vainement au moyen âge certains savants appelés alchimistes.

Prédécédé. — Décédé le premier, décédé avant une autre personne.

Préjugé. — Erreur accréditée. Prévention publique. Erreur adoptée sans examen.

Provocation. — Engager, pousser, exciter à faire une chose.

Psychologie. — Partie de la philosophie qui traite de l'âme, de ses facultés et de ses opérations.

Publiciste. — Celui qui écrit sur le droit public ou la politique.

Puîné (frère). — Né après. Se dit d'un frère par rapport à celui qui est né le premier.

Punch. — Boisson composée de rhum ou d'eau-de-vie, de citron et de sucre.

Quotité. — Partie ou portion fixée. Somme fixée.

Reclusion. — Peine infligée aux personnes qu'on enferme dans une maison de force.

Recouvrement. — Somme, créance à faire rentrer ou faire payer.

Retz (cardinal de). — Chef de parti sous la Fronde. Il a écrit sur la fin de sa vie des Mémoires très intéressants et d'un style très vif.

Rôles des contributions. — Liste des contribuables par communes avec indication des valeurs et revenus imposables et du montant des impositions.

Say (J.-B.). — Auteur célèbre d'ouvrages traitant de l'économie politique, né en 1767 et mort en 1832.

Sécurité publique. — Confiance intérieure. Tranquillité des esprits dans le pays.

Sismondi. — Historien et économiste, né en 1773 et mort en 1842.

Spécieux. — Qui a une apparence de vérité et de justesse.

Succursale. — Établissement subordonné à un autre, créé dans le même but et pour lui venir en aide.

Système cellulaire. — Mode d'incarcération qui consiste à isoler le prisonnier des autres condamnés.

Taux. — Taxe ou prix établi par la loi ou par l'usage.

Taxe des pauvres en Angleterre. — Impôt au profit des indigents.

Thou (de). — Historien français, né en 1553 et mort en 1617. Il eut la confiance de Henri IV.

Tripartite. — Qui comprend trois parties.

Tyrannie. — Domination illégale et usurpée. Action violente et injuste.

Vente publique. — Vente aux enchères, où toute personne solvable peut enchérir. Elle a lieu par ministère d'officiers ministériels.

Watt (James). — Célèbre mécanicien anglais mort en 1819. Il est l'inventeur de plusieurs perfectionnements très importants de la machine à vapeur.

TABLE DES MATIÈRES

10273. — Tours, imprimerie Rouillé-Ladevèze.

www.ingramcontent.com/pod-product-compliance
Ingram Content Group UK Ltd.
Pitfield, Milton Keynes, MK11 3LW, UK
UKHW022210120726
13694UKWH00002B/491